Comunicación organizacional práctica

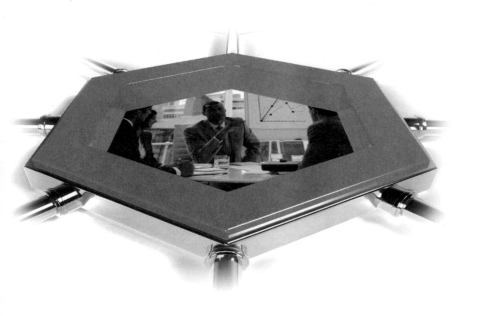

Comunicación organizacional práctica

Manual gerencial

Alberto Martínez de Velasco • Abraham Nosnik

EDITORIAL
TRILLAS

México, Argentina, España,
Colombia, Puerto Rico, Venezuela

Catalogación en la fuente

Comunicación organizacional práctica : manual gerencial /
coordinadores, Alberto Martínez de Velasco, Abraham
Nosnik. -- 2a ed. -- México : Trillas, 2008 (reimp. 2013).
136 p. ; 23 cm.
Incluye bibliografías e índices
ISBN 978-968-24-8360-8

1. Comunicación en la administración - Manuales, etc.
I. Martínez de Velasco, Alberto. II. Nosnik, Abraham.

D- 658.45'C238   LC- HD30.3'C6   1673

División Administrativa,
Av. Río Churubusco 385,
Col. Gral. Pedro María Anaya,
C. P. 03340, México, D. F.
Tel. 56884233, FAX 56041364
churubusco@trillas.mx

División Logística,
Calzada de la Viga 1132,
C. P. 09439, México, D. F.
Tel. 56330995, FAX 56330870
laviga@trillas.mx

Tienda en línea
www.trillas.mx
www.etrillas.mx

Miembro de la Cámara Nacional de
la Industria Editorial
Reg. núm. 158

Primera edición XX
ISBN 968-24-2600-6
(OT, OI, OA, OE, OO, ST, SR,
SI, SL, SM)
Segunda edición SX
ISBN 978-968-24-8360-8
(TS, TR)

Reimpresión, junio 2013

Impreso en México
Printed in Mexico

Esta obra se imprimió
el 21 de junio de 2013,
en los talleres de
Encuadernaciones Maguntis, S. A. de C. V.

B 105 TW

Prólogo a la 2a. edición

Hace más de 20 años que la primera edición de este libro vio la luz, gracias a la colaboración de varios colegas y al apoyo recibido por Editorial Trillas.

Con este motivo, nos dimos a la tarea de hacer una versión actualizada del presente libro que, afortunadamente ha tenido muy buena acogida de parte del público en general, del sector profesional de varias empresas e incluso es utilizado como texto académico en diversas universidades y carreras. A todos ellos no nos queda sino agradecerles.

Pero lo más importante es tratar de señalar lo que sentimos; han sido los principales cambios en el entorno de la comunicación y las organizaciones en este periodo.

Cuando nos dimos a la tarea de hacer esta revisión vimos que, como suele suceder con los diversos procesos o sistemas organizacionales, las premisas básicas no sólo siguen vigentes, sino que han ido cobrando más auge en la mayoría de las empresas que cada día están más preocupadas y, sobre todo, ocupadas en dar a su negocio una versión a largo plazo a través de:

- La estructuración clara de misión, visión y valores, y su importancia en la consolidación de las empresas y el diseño de estrategias.

- El fomento de la participación activa de empleados de las diferentes áreas y niveles no sólo en la conformación de estos aspectos básicos, sino en aprehenderlos y difundirlos.
- La consolidación de una cultura organizacional claramente conocida y que permea el trabajo cotidiano.
- La conformación de grupos de trabajo multidisciplinarios encargados del cuidado y aprovechamiento de ventajas o áreas de mejora (calidad).
- La importancia cada vez mayor de ideas de cuidado del medio ambiente o naturaleza, que llevan a la idea de empresas "socialmente responsables".
- El cuidado e importancia del "valor de marca" en productos u organizaciones.

En todo ello, el conocer y, sobre todo, poder comprender y aprovechar la comunicación organizacional es básico, no sólo hacia dentro de la misma, sino hacia fuera de ella.

En otras palabras, si directivos o niveles gerenciales de una empresa no conocen con detalle el funcionamiento de la comunicación (formal, informal, rumor; interna o externa) no podrán optimizar los recursos.

Además de estas nuevas ideas organizacionales o la relevancia que han ido cobrando, ¿no ha habido otros cambios importantes?

Desde luego que sí, pero éstos se han centrado sobre todo a nivel de medios de comunicación.

Hace más de 20 años, no existía el *mail* y las empresas no lo utilizaban como hoy día para todo tipo de comunicados (formales e informales, entre pares o entre niveles, en un mismo país o en múltiples).

¿Páginas web de cada empresa? Eran pocas las que lo consideraban relevante en ese entonces y era prácticamente impensable para las medianas o pequeñas el sentir que ellas debían contar con este medio de comunicación fundamental.

¿Qué es lo que normalmente se incluye en estas páginas? Temas como:

- Nuestra empresa y su misión, valores.
- Nuestra gente/nuestra historia/nuestra cultura.
- Nuestros productos y servicios, entre otros.

¿Por qué importa comunicar eso a clientes actuales, potenciales, o al mercado en general? Porque en la misma forma y estilo comunicativo, en los aspectos visuales, símbolos y diseños que utilizamos, estamos trasmitiendo la idea no sólo de qué es esa empresa, sino cómo es; qué puedo esperar de ella; qué nivel de confianza me da; qué tanto quisiera o no tenerla como proveedora y por qué.

Y qué decir de otros medios como *chats*, *blogs* y demás que inundan de nuevas posibilidades de trasmisión de mensajes a niveles o en situaciones impensables hace apenas unos años. ¿Cómo aprovecharlos? ¿Cuándo usarlos? ¿Realmente sirven?

Lógicamente, no encontraremos todas las respuestas en este libro ni, en ningún otro por más especializado que sea, porque en realidad depende de quién los quiera usar, para qué o buscando qué efectos.

Lo que sí es un hecho es que si entendemos con claridad el proceso comunicativo; sus partes, tipos, o características, estaremos en mejor situación de trasladarlos a nuestra empresa, entenderlos y optimizar su uso.

Esto es muy importante ya que es peligroso el considerar que toda nueva idea o formato comunicativo debe ser adoptado por nuestra empresa por el solo hecho de que es nuevo.

En su obra *Built to last*, Jim Collins y Jerry I. Porras nos hablan de muchos aspectos importantes que debemos considerar en las organizaciones.* Entre otros, comentan que no porque el mundo cambie en forma muy acelerada, nosotros debemos abandonar nuestra forma tradicional de operar o los aspectos centrales de la cultura organizacional a favor de las nuevas tendencias.

Siempre tenemos que buscar nuevas ideas y soluciones, pero muchas veces el problema de las organizaciones no viene de ellas, sino de la falta de comprensión de los fundamentos básicos

---

* Jim Collins y Jerry I. Porras, *Built to last*, Harper Collins, Nueva York, 2004.

de las empresas y su aplicación consistente. En otras palabras, hay que saber traer cambios productivos sin destruir lo distintivo o los cimientos de la organización.

Además, debemos tener en cuenta que para que una empresa sea visionaria, no necesariamente debe ser muy grande o reconocida, a nivel nacional o internacional, sino que cualquier empresa debe ser capaz de serlo.

Para ello, debemos saber con claridad por qué existimos, hacia dónde vamos y por qué; cuáles son nuestros valores fundamentales y el propósito de la empresa. Y en todo ello, la comunicación organizacional es básica tanto para trasmitir como para compartir con empleados y mercados su razón de ser.

Índice de contenido

Introducción

En los últimos años, los estudiosos y profesionales, preocupados por mantener altos índices de productividad y rentabilidad en diversas organizaciones, han encontrado en la *excelencia* un concepto que resume bien las prácticas y estilos de trabajo que demandan estas organizaciones para seguir funcionando eficiente y eficazmente.

En estos días ya no solamente hablamos de instituciones excelentes (Peters y Waterman, Jr., 1982) sino de líderes excelentes (Peters y Austin, 1985). Es decir, aquellas organizaciones que, a pesar de los problemas económicos y de otra naturaleza que enfrentan en esta época, han incrementado sus utilidades y mantenido la satisfacción de los que trabajan en ellas y lo han conseguido –en gran medida– gracias a la preparación y habilidad de sus líderes para guiarlas.

Uno de los ingredientes más importantes en la fórmula para conducir a la excelencia a cualquier organización es la *comunicación*. Cuando hablamos de la preparación y habilidad para dirigir a una organización a la excelencia, hablamos de *conocimientos* acerca de la comunicación y el desarrollo de *habilidades comunicativas*. Es decir, es importante saber que la comunicación ayuda a la organización a llevar a cabo sus metas, sin embargo, ello no basta. Las personas que colaboran con la organización deben aprender a comunicarse bien. Por otro lado, no es suficiente que dentro de una organización haya gente que sepa comunicarse. Las personas que están en una organización, sobre todo aquellas que ocupan puestos gerenciales, ejecutivos y directivos, deben conocer qué es la comunicación y cómo funciona en su institución.

¿Cuál es, entonces, el papel y la importancia de la comunicación en el quehacer ejecutivo?

Es un hecho conocido por toda persona que labora en una organización en estos niveles que conforme mayor sea la responsabilidad (gerencia) o directiva), más tiempo se dedica a la comunicación y al manejo de información como parte medular del quehacer diario.

El gerente y el directivo dedican más de 70% de sus actividades diarias a la comunicación: leer y redactar memorandos, circulares, cartas, documentos; hacer y recibir llamadas a superiores, pares, subordinados, a personas dentro y fuera de la institución; tener reuniones, juntas y asistir a comités; hacer y recibir visitas donde, formal o informalmente, se traten aspectos del trabajo. Si usted duda de este hecho ¿por qué no toma nota de cuáles son sus actividades en un día típico de trabajo? (Grove, 1983).

La imagen del ejecutivo actual ya no es la de una persona sentada detrás de un escritorio y aislada de los demás, sino de alguien mucho más consciente acerca de la importancia de las relaciones y la comunicación como práctica exitosa del trabajo y más activo en este rubro. La misma disposición física de las oficinas ha ido evolucionando de manera que se tenga el ambiente propicio que facilite la comunicación. Todo el proceso y las actividades del *management* tienen una relación estrecha con la comunicación, y de su adecuado manejo depende, en buena medida, el éxito que se tenga en ellas.

Tomar decisiones y solucionar problemas, delegar trabajo y motivar a las personas, planear correctamente, seleccionar, capacitar y evaluar al personal... todas ellas son actividades que se verán impactadas de manera relevante por el adecuado manejo de la comunicación.

Por si esto fuera poco, los estudios de clima laboral realizados por los autores han venido a confirmar los hallazgos de estudios similares en el extranjero, que identifican a la comunicación como uno de los elementos que impactan de manera más relevante este clima de trabajo (Gordon y Goldberg, 1977).

En dichos estudios se ha podido identificar que la comunicación y el clima laboral configuran el contexto más adecuado para mejorar la productividad y el desempeño sobre bases más sólidas y permanentes. Los acuerdos necesarios sobre metas, sistemas y procedimientos, normas, y la comprensión de lo que implican, se facilitarán y optimizarán cuando se haga lo propio con la comunicación.

Conocer los elementos centrales de la comunicación y cómo manejarlos constituye una herramienta muy importante de trabajo. Ahora bien, si la comunicación es un elemento tan importante de trabajo, ¿por qué no se le ha dado la importancia debida en la práctica de una organización? Consideramos que la respuesta a esta inquietud tiene dos vertientes principales. La primera es que, en ocasiones, se le ha querido manejar dándole más importancia de la que en realidad tiene. Muchas compañías dentro y fuera de México han desarrollado cursos donde se presenta a la comunicación prácticamente como el factor que aliviará todos los males y esto no es así. La segunda es que muchos de los libros que tratan el tema de la comunicación en las organizaciones, son documentos que manejan de manera excelente la parte teórica de la comunicación, pero que las personas sin una formación académica relacionada con el tema se hacen la pregunta, ¿cómo puede servirme todo esto en la práctica de mi trabajo?

Como consecuencia de lo expuesto hasta el momento, se consideró que era muy necesario desarrollar una herramienta que no solamente diera una idea sólida de lo que es la comunicación y su importancia en las organizaciones, sino que respondiera a muchas de las inquietudes que el ejecutivo enfrenta cotidianamente en relación con ella, brindándole además alternativas de acción y ubicándole en un contexto real en cada caso, con respecto a sus ventajas y desventajas.

Presentamos, pues, la obra COMUNICACIÓN ORGANIZACIONAL PRÁCTICA como una respuesta a las inquietudes y realidades expuestas anteriormente. Por un lado, creemos que coadyuvará a los esfuerzos de las instituciones de seguir buscando nuevos conocimientos y prácticas orientadas al logro y mantenimiento de la excelencia en su práctica cotidiana. Por otro, este manual está orientado a informar a los gerentes y ejecutivos de las empresas acerca de cómo pueden, de manera práctica, mejorar la administración de su puesto y el trato con sus subordinados, superiores y colegas del mismo nivel.

En el capítulo 1, presentamos una idea general sobre el proceso de comunicación, los elementos que lo constituyen y sus características principales. El capítulo 2 trata la comunicación descendente, es decir, aquella que fluye de los puestos superiores a los más bajos de la organización. Se analiza la naturaleza de este tipo de información y cómo manejarla eficientemente. El capítulo 3 es el otro lado de la moneda del capítulo anterior, ya que expone el tipo de información que fluye de abajo hacia arriba en la organización y sus funciones.

El capítulo 4 ofrece un panorama sobre un tipo de comunicación que, si se sabe manejar, es sumamente valiosa para la organización: la comunicación entre pares, la comunicación horizontal. En este capítulo también se tocan los aspectos informales y de rumor en la comunicación organizacional. La comunicación informal es muy rica por su espontaneidad, y el rumor es una realidad que, de no enfrentarse con conocimientos y oportunidad, puede ser altamente nocivo para la dinámica organizacional.

El capítulo 5 es el único que no trata a la comunicación –en cualquiera de sus modalidades– en sí misma, sino que la relaciona con otros procesos presentes en la organización: la motivación y la productividad. La parte más importante de este capítulo es que la comunicación es el puente que la organización tiende a sus empleados para demandarles eficiencia y eficacia por medio de la productividad. Por otro lado, la comunicación es el ámbito a través del cual los empleados trasmiten a la organización la información sobre el conjunto de satisfactores que requieren para cubrir sus necesidades en ella, es decir, sus requerimientos en materia de motivación.

El capítulo 6 presenta a la retroalimentación como el mecanismo para que la organización se haga de la información que necesita para cerrar su proceso de comunicación y evaluar hacia dónde va en su conjunto. La retroalimentación también funciona a nivel personal para indicar a cada individuo su desempeño dentro de la organización.

Finalmente, se presenta un glosario de términos usados a lo largo de la obra, con la intención de facilitar el manejo de la misma. Es muy importante que el lector se dé cuenta de que hemos tratado de conservar el balance entre el conocimiento de la comunicación y las habilidades comunicativas que queremos ayudar a desarrollar en nuestra audiencia. En la medida en que el conocimiento que aquí exponemos apoye a las prácticas gerenciales, y que las habilidades comunicativas del gerente enriquezcan sus conocimientos acerca de la función que desarrolla en su empresa, este manual habrá cumplido su cometido.

LOS AUTORES

BIBLIOGRAFÍA

Gordon, G. G. y B. E. Goldberg, "Is there a climate for success?", en *Managerial Review*, págs. 37-44, 1977.

Grove, A. S., *High Output Management*, Random House, Nueva York, 1983.

Peters, T. y N. Austin, *A Passion for Excellence: The Leadership Difference*, Random House, Nueva York, 1985.

Peters, T. y R., Waterman, Jr., *In Search of Excellence*, Harper and Row Publishers, Nueva York, 1982.

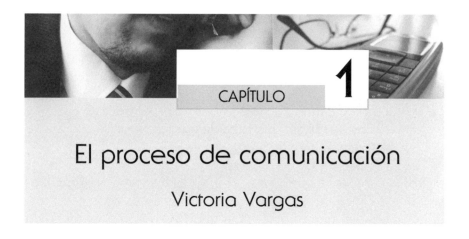

CAPÍTULO 1

El proceso de comunicación

Victoria Vargas

INTRODUCCIÓN

Cualquier organización, por pequeña que sea, posee una estructura organizacional, la cual está constituida por "los patrones de relaciones y obligaciones formales, por la descripción de puestos, las reglas formales, las políticas de operación, los procedimientos de trabajo, etc." (Rogers y Agarwala, 1980, pág. 83). La manera más común de representar dicha estructura es a través de los organigramas. El análisis de estos esquemas nos permite observar cuáles son los patrones formales esperados de comunicación dentro de la organización.

En la mayoría de los casos, las instrucciones, políticas, lineamientos de trabajo, etc., se comunican desde la alta dirección a la gerencia y de ésta al resto de los empleados, siguiendo un flujo de comunicación de arriba abajo (comunicación descendente). Asimismo, los empleados, por medio de sus resultados de desempeño, conductas u opiniones, pueden hacer llegar su respuesta de comunicación a la inversa (comunicación ascendente). Además, personas del mismo nivel pueden comunicarse o coordinarse entre sí por medio de la comunicación horizontal y, por último, en los casos donde no haya comunicación oficial o formal, la comunicación informal y el rumor se darán para llenar este vacío de comunicación.

Lo anterior nos lleva a ver que la comunicación es uno de los elementos y ámbitos importantes para la organización, ya que ayuda a mantenerla unida, pues proporciona medios para trasmitir información necesaria para la realización de las actividades y la obtención de las metas y objetivos organizacionales. La trayectoria o camino de la comunicación entre la dirección y los empleados puede ser ilustrada de manera sencilla por medio del siguiente ejemplo:

La dirección emite un mensaje que desciende a través de los distintos canales hasta llegar a los empleados; sin embargo, dentro de esta línea de comunicación encontramos a los gerentes, quienes ocupan una posición a la que Breth (1974) ha definido como "intermedia", en el sentido de que sirven de enlace de comunicación entre la dirección y los empleados. Dicho de otra manera, los gerentes se encuentran entre los niveles en que se toman las decisiones (dirección) y la base en donde se llevan a cabo los programas (empleados).

Esta posición "intermedia" del gerente hace que su eficiencia dependa de la forma en que se comunique con los demás. Por tanto, aunado a su experiencia, el gerente requiere el conocimiento de lo que es el proceso de comunicación y su utilidad práctica, con el fin de llegar al cumplimiento de los objetivos y metas organizacionales propuestos por la dirección de manera más eficiente.

¿QUÉ ES LA COMUNICACIÓN?

La comunicación se puede definir como un proceso por medio del cual una persona se pone en contacto con otra a través de un mensaje, y espera que esta última dé una respuesta, sea una opinión, actitud o conducta. En otras palabras, la comunicación es una manera de establecer contacto con los demás por medio de ideas, hechos, pensamientos y conductas, buscando una reacción al comunicado que se ha enviado, para cerrar así el círculo.

Generalmente, la intención de quien comunica es, entonces, cambiar o reforzar el comportamiento de aquel que recibe la comunicación a los tres niveles mencionados anteriormente (opiniones, actitudes o conductas). Por ejemplo, cuando un gerente comunica una orden a un empleado espera ser obedecido. Puede ser que su propósito se cumpla o no; sin embargo, él comunicó su mensaje con la intención de lograr un resultado.

Ahora bien, si es llevada a cabo su orden o no, ello lo retroalimentará de cualquier manera:

1. Sí se hizo: me entendió.
2. No se hizo: no me entendió, no quiso o no pudo.

En el segundo caso el gerente puede estar seguro de algo: la comunicación no tuvo el efecto esperado, por lo que fue deficiente (algo no se consideró y, por tanto, no se obtuvo el resultado deseado).

Más adelante, retomaremos este punto; por ahora es importante dejar claro que la comunicación depende de las personas, y que ocurre dentro y entre ellas siguiendo un proceso de ida y vuelta.

Con este objetivo como base, consideramos muy importante precisar los componentes principales del proceso de comunicación y las características de cada uno de ellos. Este capítulo facilitará la comprensión del resto del material de que dispone el lector en el presente manual.

ELEMENTOS DE LA COMUNICACIÓN

El interés por la comunicación ha propiciado el desarrollo de distintos modelos para ilustrar dicho proceso. Podremos decir que el primer modelo que ilustró este proceso fue el de la *Retórica* de Aristóteles.

Una manera sencilla de resumir el proceso de comunicación es preguntar: ¿Quién... dice qué... a través de qué canal... a quién... con qué efectos? (Lasswell, 1984).

Actualmente, uno de los modelos más utilizados y que se considera de los más completos es aquel desarrollado por dos autores clásicos en la materia: Shannon y Weaver (1984). Los elementos básicos que ellos proponen son: fuente o emisor, encodificación, mensaje, medio, decodificación, receptor y retroalimentación (*véase* figura 1.1).

Antes de pasar a la revisión de cada uno de estos elementos es importante recordar que, al producirse una comunicación, el comunicador espera lograr cierto resultado, es decir, espera que su comunicación sea efectiva.

Como mencionamos anteriormente, la comunicación "efectiva" es aquella que da como resultado los cambios que en el receptor intenta o desea ver el comunicador. A este respecto cabe preguntarse: ¿cuáles son los factores que hay que tener en cuenta para llegar a una comunicación "efectiva"?

Para tratar de contestar esta pregunta, la presentación de cada elemento que conforma el proceso de comunicación incluirá tambien aquellos factores que contribuyen a conseguir una comunicación efectiva.

El emisor

En primer lugar, recordemos que la comunicación empieza en el emisor. El emisor pueden ser una o varias personas con ideas, información y un propósito para comunicar.

La encodificación

Una vez que el emisor tiene una idea que comunicar, debe traducirla en palabras orales o escritas, o algún tipo de símbolos que posean un significado claro y comprensible para el receptor. A esta traducción se le da el nombre de *encodificación*: poner una idea en un código.

Junto a estos dos elementos (emisor y encodificación), existen por lo menos cuatro factores que pueden aumentar la fidelidad en la comunicación, a saber: las habilidades comunicativas, actitudes, grado de conocimiento y la posición dentro del sistema que tiene la fuente o emisor.

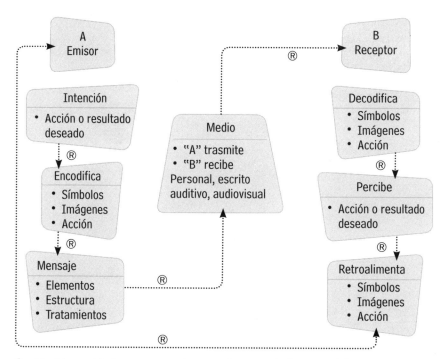

® El ruido es el factor que se puede presentar en cualquier etapa del proceso, desviando o cambiando la intención real de la comunicación. Adaptado de: *Modelnética*, Modelos ejecutivos, Banamex, 1982.

Figura 1.1. Cibergrama de comunicación.

Las *habilidades comunicativas* son ideas bien pensadas, facilidad de palabra y el empleo de palabras claras, conocimiento de la ortografía, reglas gramaticales, etc. "Cuando hablamos, debemos saber cómo pronunciar nuestras palabras, cómo gesticular e interpretar los mensajes que recibimos y cómo alterar nuestros propios mensajes a medida que hablamos" (Berlo, pág. 91,1978).

La única manera de modificar deficiencias en este aspecto de la comunicación será tener una retroalimentación de alguien que, teniéndonos la suficiente confianza, nos haga ver nuestros errores para tomar conciencia y actuar en consecuencia. Si lo anterior no ocurre, es decir, si alguien no nos hace ver claramente estos errores, difícilmente llegaremos a saber qué tan hábiles somos (aunque de alguna forma poseamos una idea al respecto) y, consecuentemente, no tomaremos acciones que conduzcan a corregir adecuadamente nuestras habilidades para comunicar.

Las *actitudes*, que se pueden definir como los sentimientos de atracción o rechazo hacia otras personas, objetos, asuntos o temas y/o situaciones.

Ejemplos de actitudes son: las actitudes del emisor hacia sí mismo y hacia el receptor (personas), actitud hacia el tema que se está tratando (asunto), actitudes hacia la propia comunicación (tema) y hacia el hecho mismo de comunicarse (situación). La combinación ideal es el tener una actitud positiva hacia sí mismo (seguridad, confianza), hacia el tema (conocimiento, comprensión) y hacia el receptor (es para mí una persona profesional, comprensiva, inteligente, dinámica). En este caso, la posibilidad de que la comunicación sea efectiva se maximizará.

El tercer elemento que puede aumentar la fidelidad de la comunicación se refiere al *nivel de conocimiento* que tiene el emisor del tema que trata. Este conocimiento puede variar desde un alto grado de especialización, hasta poca o nula información del tema. Es claro que a mayor conocimiento, la posibilidad de tener una comunicación más exitosa se incrementa y viceversa (el tema se tratará con detalle en el capítulo 2).

El cuarto elemento es el que se refiere a la *posición del emisor dentro del sistema*, en cuanto a sus funciones, el prestigio que tiene ante los demás, etc., por ejemplo, ser director, gerente, supervisor, etcétera.

En resumen, estos cuatro elementos afectan: la posibilidad de éxito en la comunicación del emisor, el propósito de su comunicación, sus mecanismos de encodificación y sus mensajes. Son elementos muy importantes que siempre debemos considerar, puesto que estos factores afectarán también la forma en que el receptor habrá de responder a los mensajes que se le envían.

Siguiendo con los elementos del proceso de comunicación, el resultado del proceso de encodificación es un mensaje estructurado.

El mensaje

Es la forma que se le da a una idea o pensamiento que el comunicador desea trasmitir al receptor, ya sea en forma verbal o no verbal. En el mensaje influyen de manera muy directa los cuatro factores antes considerados.

Los gerentes, por ejemplo, tienen numerosos propósitos para comunicarse, como hacer que los demás entiendan sus ideas, entender las ideas de sus empleados, lograr aceptación de ellos o de sus ideas, o bien producir una acción (*véase* capítulo 2).

El medio o canal

Ya que el emisor tiene una idea y la ha encodificado en su mensaje, debe trasmitirla al receptor mediante un medio o canal para que se pueda hablar de comunicación como tal.

El *medio* o *canal* es el vehículo por el cual el mensaje viaja del emisor al receptor. Las organizaciones suministran información a sus miembros a través de distintos medios o canales.

Los medios de comunicación en la organización incluyen tanto los contactos personales como los diversos medios impresos, visuales, de audio y audiovisuales y otros medios electrónicos (páginas web, mails, etc.) que son o pueden ser usados por la organización. Incluso los gestos faciales y movimientos corporales son medios de trasmisión de información. Para aumentar nuestra efectividad comunicativa, hablaremos siempre de ver qué tipo de canal es el más adecuado para el mensaje que queremos trasmitir, los receptores que lo recibirán y la respuesta que espero de ellos.

¿Qué criterios generales se pueden aplicar para escoger el medio o canal?

A continuación, se proponen algunos criterios que pueden ser útiles para elegir el medio o canal.

1. Cuando damos un mensaje formal importante, el mejor medio es la comunicación escrita puesto que con ella:

    a) Se evitan distorsiones.
    b) Se puede oficializar mediante firmas y sellos.

En términos generales, la desventaja de este medio se da cuando el mensaje es muy extenso, ya que se corre el riesgo de que las personas no lo lean o sólo vean algunas partes, lo que puede traer cambios y modificaciones al mensaje original.

2. Cuando el factor retroalimentación es muy relevante, es decir, nos interesa obtener sugerencias, aclaraciones o comentarios directos por parte del agente, el mejor medio será la comunicación oral. Como ejemplo podremos mencionar las reuniones en donde se den a conocer las nuevas funciones de un departamento, nuevas políticas o reglamentos que nos interesa comentar, nuevas estructuras, etc. En este caso, el medio escrito se utiliza generalmente como complemento y reforzador.

3. Cuando se quiere presentar a un grupo de personas un nuevo programa o proyecto con carácter más que nada informativo, se utilizan generalmente medios audiovisuales tomando en cuenta que:

   a) La parte visual hará más atractiva la exposición y presentará ideas clave.

   b) La parte auditiva servirá para reforzar lo visual y para extender y profundizar más en ideas.

Con base en lo anterior, se debe pensar que la parte visual tiene que ser muy clara y concisa. Sin embargo, poner mucha información en el elemento visual es muy tedioso y puede provocar ruidos (falta de atención, interés, comprensión, etc.). Por tanto no debemos olvidar que el audio profundiza y complementa lo visual.

En conclusión, mientras mejor escojamos el canal para trasmitir nuestros mensajes, la posibilidad de ruido o interferencias no deseadas en nuestra comunicación se minimizarán.

El receptor

Es la persona (o personas) que recibe(n) un mensaje del emisor, y al igual que aquél, está afectado por: sus habilidades comunicativas (por ejemplo, saber escuchar), sus actitudes (hacia sí mismo, hacia el emisor y hacia el contenido del mensaje), el grado de conocimiento sobre el tema que se le comunica y su posición dentro del sistema (estatus).

La decodificación

A fin de completar el proceso de comunicación, el mensaje debe ser decodificado por el receptor. *Decodificar* significa pasar del código a la idea, es decir, que el receptor encuentre el significado e interprete el mensaje que le envió el emisor.

Ahora bien, algo importante de considerar es que el receptor interpreta los mensajes sobre la base de sus propias experiencias. Por lo mismo, al enviar un mensaje siempre es requisito indispensable conocer quién(es) es (son) nuestro(s) receptor(es) y así tratar de adecuar lo que comunicamos a las características de quien lo recibe.

La retroalimentación

Un último elemento que es muy importante dentro del proceso de comunicación es la retroalimentación. Ésta suministra una vía para la respuesta del receptor al mensaje del emisor. Dicha respuesta (verbal o no verbal) permite al emisor determinar si el receptor ha recibido o no su mensaje, y si éste ha producido en dicho receptor la respuesta pretendida (seguimiento y control).

Al gerente, la retroalimentación le puede llegar de muchas formas:

- *Retroalimentación directa*: cara a cara a través de palabras, expresiones faciales y movimientos corporales.
- *Retroalimentación indirecta*: a través de demandas de alta calidad en el trabajo, disminución de ausentismo, mayor coordinación de las personas con las que trabaja, etc. (*véase* capítulo 2).

¿CÓMO SER EFECTIVO
EN MI COMUNICACIÓN?

Debemos recordar que el propósito del comunicador es ejercer un determinado efecto en el receptor.

Los efectos son los cambios en el comportamiento, actitudes y/o ideas del receptor como respuesta al mensaje que el emisor le ha enviado. "Sin embargo para poder lograr cualquier cambio, el mensaje debe ser importante para el receptor, es decir, debe causarle un cierto impacto" (Breth, pág. 56, 1974).

El impacto logrado es el resultado de la combinación de la idea, el mensaje y los medios utilizados por el emisor para afectar al receptor. El impacto facilitará establecer, mantener o cambiar la opinión o actitud de un receptor y, como hemos dicho, dependerá no sólo de nuestras habilidades sino del conocimiento del receptor y de su experiencia total.

Los cambios que se pueden lograr en el receptor son de tres tipos:

- Cambios en los conocimientos.
- Cambios en la actitud y opinión.
- Cambios en la conducta aparente.

(Un esquema general de los factores que se van a considerar en todo el proceso para mejorar nuestra comunicación se presenta en la figura 1.2.)

EJEMPLO GENERAL DEL
PROCESO DE COMUNICACIÓN

Es importante recordar que cada uno de los elementos que se muestran en la figura 1.2 están estrechamente relacionados con los demás, y forman el proceso de comunicación; se han separado sólo por cuestiones didácticas.

Supongamos que el gerente de la sucursal x debe seleccionar a uno de sus empleados con el fin de promoverlo en su trabajo para un puesto que ha quedado vacante. Con base en el trato

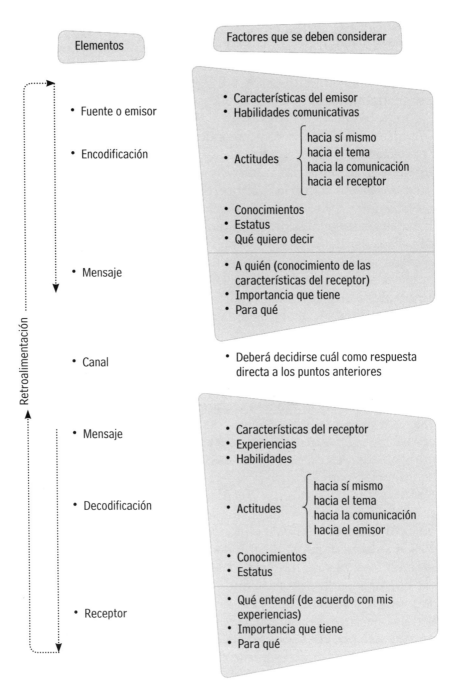

Figura 1.2. Factores que se deben considerar en todo proceso de comunicación.

y conocimiento de sus empleados, el gerente piensa que Juan y Carlos son posibles candidatos para la promoción y así se los comunica. Sin embargo, el gerente sólo puede promover a uno de ellos, por lo que debe pensar quién será y las razones para escogerlo.

La tarea del gerente ahora es, en primer lugar, tener los parámetros objetivos necesarios para evaluar a los dos empleados y seleccionar a uno de ellos. En segundo lugar debe buscar la manera de comunicarle tanto a Juan como a Carlos su decisión, de manera que ellos sientan que ésta es justa y no causar problemas entre ellos, o con él. Asimismo, el gerente debe pensar las posibles preguntas que le harán sus empleados y la respuesta que él les dará.

Una vez que el gerente ha evaluado el desempeño de los dos empleados, decide que Juan será el promovido en su trabajo. Ahora debe buscar la mejor manera de comunicar a los candidatos su decisión. Aquí el gerente es el *emisor* o *fuente*.

Pero, ¿cómo se los va a decir? Él ya tiene una idea; ahora debe traducirla a algún código o conjunto de símbolos, como palabras escritas o verbales. A este paso se le llama *encodificación*.

Recordemos que hay factores que afectan de manera positiva o negativa a la encodificación, como las habilidades comunicativas de la fuente, sus actitudes y conocimientos de lo comunicado o el lugar (estatus) que tiene en el sistema. Como ya se había mencionado, las actitudes son las disposiciones y sentimientos de atracción o rechazo de una persona con respecto a otra, a un objeto, un tema o evento y/o una situación. Si estas actitudes son gratas o positivas favorecen la comunicación; de lo contrario, la desfavorecen u obstaculizan.

En este ejemplo, la habilidad comunicativa del gerente consiste en trasmitir de manera clara y comprensible su decisión a sus dos empleados, de tal manera que ellos sientan que ha sido una decisión justa y objetiva. Asimismo, el conocimiento que tiene el gerente del desempeño de Juan y Carlos le permitirá comunicarles su mensaje de una mejor manera.

Dado lo anterior, el emisor está listo para comunicar su *mensaje*. Este mensaje posee las siguientes características, que el emisor (gerente) debe tomar en cuenta: su importancia, influencia, complejidad e interés para el (los) receptor(es). Estas características ayudan al emisor con respecto a qué quiere comunicar, qué tan importante es hacerlo, cómo y para qué lo quiere hacer.

En el caso planteado en el ejemplo, estas consideraciones también le pueden servir para saber si su decisión la comunicará a cada empleado por separado o si lo hará de manera conjunta (cuadro 1.1).

Cuadro 1.1. Recomendaciones para una comunicación efectiva.

1. Clasifique sus ideas antes de comunicarlas.
2. Examine el propósito de sus mensajes.
3. Considere el contexto (físico y humano) en el que comunicará sus mensajes.
4. Cuando sea apropiado y posible, consulte con otras personas para diseñar más adecuadamente su comunicación.
5. Cuando comunique, esté atento al contenido de su mensaje y a la forma de expresarlo.
6. Conozca a su receptor lo más posible y trate de ver y tomar en cuenta cuáles son sus necesidades, intereses o puntos de vista.
7. Dé seguimiento a sus comunicados y siempre que sea posible busque obtener retroalimentación formal (encuestas, cartas) o informal (a nivel de *insights*) que le darán mejores bases para futuros esfuerzos.
8. Asegúrese de que su conducta reafirma su comunicación.
9. Busque no sólo ser entendido sino también entender los mensajes de los demás.

Con base en lo anterior, el gerente (emisor) ya tiene ciertas pautas para poder elegir el *canal* más adecuado para comunicarse.

Supongamos que el gerente prefirió hablar con Juan y Carlos de manera individual y directa. En este caso el canal es el ambiente que rodea el encuentro con cada empleado (si es tenso, favorable, defensivo, agresivo, indeciso, con ruidos, calor, frío, etc.).

El emisor envía su mensaje. Los receptores en este proceso de comunicación son sus dos empleados.

¿Qué pasa ahora en los receptores? Una vez que cada uno de ellos ha recibido el mensaje, lo *decodifica*, es decir, procesa la información recibida y la interpreta internamente, de acuerdo con lo que se percibe que quiere el emisor.

En este momento, al igual que en el emisor, sus habilidades comunicativas, actitudes, conocimientos, experiencias y su posición en el sistema entran en juego. Por ejemplo, si el receptor no tiene la habilidad de escuchar con atención, no podrá entender el mensaje que le envió el emisor.

Si Juan tiene actitudes desfavorables hacia el nuevo puesto, es probable que no acepte la promoción, o bien, si la actitud hacia sí mismo es negativa —ya que se considera con poca capacidad para ocupar el puesto—, y si, además, su conocimiento sobre la función que va a desempeñar es limitado, probablemente no acepte la promoción.

En el caso de Carlos, quizá tenga una actitud favorable hacia el nuevo puesto, pero siente que su desempeño no ha sido tan bueno como para obtener la promoción. El hecho de que cada empleado hable con su gerente implica que deben enviar un mensaje a éste (emisor) y comunicarle sus dudas e inquietudes y si están o no de acuerdo con su decisión.

Este paso en el proceso de comunicación es la *retroalimentación*, que en el caso que se plantea puede ser directa —cara a cara— o indirecta —por escrito.

El hecho de que exista retroalimentación es algo importante, ya que, por un lado, le permite conocer al emisor cuál es la respuesta del receptor a su mensaje y, por el otro, convierte al que antes era receptor en emisor y viceversa: el emisor es ahora receptor. En el ejemplo, Juan y Carlos ahora son emisores, cerrando así el proceso de comunicación.

LA COMUNICACIÓN EN LAS ORGANIZACIONES

Como se recordará, en la introducción al presente capítulo se habló de la estructura organizacional, la cual debe proveer a la organización de canales de comunicación interna.

Desde esta perspectiva, la *comunicación organizacional* es el proceso mediante el cual un individuo o una de las subpartes de la organización se pone en contacto con otro individuo u otra subparte (Hodgetts y Altman, 1981). Esto nos clarifica el hecho de que la comunicación es una herramienta de trabajo importante con la cual los individuos pueden entender su papel y se pueden desempeñar de acuerdo con él en la organización.

Se recordará también que la comunicación tiene una intención o propósito. "El propósito de enviar mensajes dentro de la organización hace referencia al por qué son enviados y a qué funciones específicas sirven" (Goldhaber, pág. 126, 1977). Estos mensajes generalmente son difundidos como respuesta a los objetivos y políticas de la organización.

Las redes de la comunicación organizacional

Los mensajes siguen unos caminos dentro del espacio organizacional denominados redes de comunicación. Gran parte de estas redes son líneas formales de comunicación, en tanto que otras son líneas informales. Veamos brevemente cada una de ellas.

La comunicación formal

Es aquella en donde los mensajes siguen los caminos oficiales dictados por la jerarquía y especificados en el organigrama de la organización. Por regla general, estos mensajes fluyen de manera descendente, ascendente u horizontal.

La comunicación descendente

Sirve para enviar los mensajes de los superiores a los subordinados. Uno de los propósitos más comunes de estos comunicados es proporcionar las instrucciones suficientes y específicas de trabajo: "quién debe hacer qué, cuándo, cómo, dónde y por qué".

La comunicación ascendente

Es la que va del subordinado hacia los superiores. El principal beneficio de este tipo de comunicación es ser el canal por el cual la administración conoce las opiniones de los subordinados, lo que permite tener información del clima organizacional en esos ámbitos.

La comunicación horizontal

Se desarrolla entre personas del mismo nivel jerárquico. La mayoría de los mensajes horizontales tienen como objetivo la integración y la coordinación del personal de un mismo nivel.

Por otro lado, cuando la comunicación dentro de la organización no sigue los caminos establecidos por la estructura, se dice que es *comunicación informal*, y comprende toda información no oficial que fluye entre los grupos que conforman la organización. La comunicación informal incluye el rumor (*véanse* figuras 1.3 y 1.4).

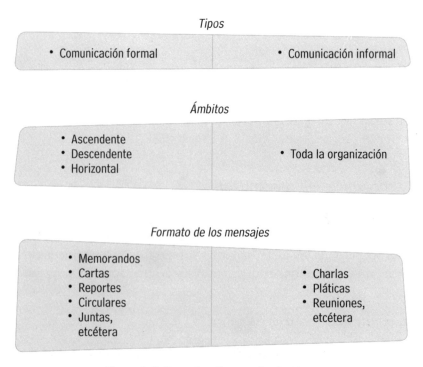

Tipos

- Comunicación formal   • Comunicación informal

Ámbitos

- Ascendente
- Descendente   • Toda la organización
- Horizontal

Formato de los mensajes

- Memorandos
- Cartas   • Charlas
- Reportes   • Pláticas
- Circulares   • Reuniones,
- Juntas,   etcétera
  etcétera

Figura 1.3. Comunicación organizacional.

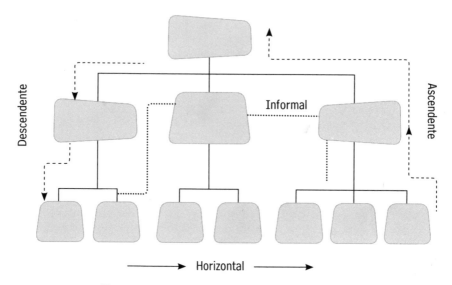

Figura 1.4. Flujos de la comunicación organizacional.

Esperamos que con estas ideas se tenga un mejor conocimiento de los aspectos básicos de la comunicación y se vislumbre su importancia (*véase* cuadro 1.2, como complemento). En los siguientes capítulos, se consideran los elementos más relevantes en teoría y práctica para la comunicación organizacional. Nuestro objetivo es profundizar y aclarar cada uno de ellos, esperando sean información útil.

CONCLUSIONES

1. La comunicación es un proceso mediante el cual un emisor se pone en contacto con un receptor por medio de un mensaje.
2. La comunicación comprende siete elementos: fuente o emisor, encodificación, mensaje, medio o canal, decodificación, receptor y retroalimentación.
3. Los factores que pueden aumentar la fidelidad de la comunicación son: las habilidades comunicativas, actitudes, nivel de conocimiento y posición dentro del sistema. Estos factores afectan tanto a la fuente o emisor como al receptor.

4. La comunicación organizacional consta de canales tanto formales como informales; los primeros consisten en comunicación descendente, ascendente y horizontal; los canales informales constituyen una red de relaciones que surgen espontáneamente a partir de la asociación de las personas entre sí.

Cuadro 1.2. Cómo salvar las barreras de la comunicación interpersonal.

- *Retroalimente*

  Mientras más compleja sea la información que se pueda enviar, más necesario se hace motivar a los receptores a aclarar dudas y señalar áreas ambiguas. Como receptores, podemos mejorar la comunicación retroalimentando a la fuente al preguntar, reafirmar o repetir la información.

- *Comuníquese cara a cara*

  La retroalimentación más acertada y eficiente se da cara a cara en lugar de usar memorandos o cartas.

- *Sea sensible al mundo del receptor*

  Los individuos diferimos en actitudes, valores, necesidades y expectativas. Si nosotros desarrollamos empatía (nos ponemos en la posición del receptor), esto hará que entendamos mejor a los demás, y nos podamos comunicar más fácilmente.

- *Use lenguaje sencillo y directo*

  Hay que hablar de manera que el receptor entienda lo que decimos. Por ello, la comunicación debe estar a su nivel.

- *Sea redundante*

  Si alguna información es complicada o difícil, será necesario repetirla de distintas maneras para asegurar un correcto entendimiento del receptor.

- *No solamente hable; sepa también escuchar*

- No podrá escuchar y entender si está hablando. Deje hablar a los demás.

Adaptado de J. A. Stoner, 1982.

BIBLIOGRAFÍA

Berlo, D. K., *El proceso de la comunicación*, El Ateneo, Buenos Aires, 1978.

Breth, R. D., *Las comunicaciones en la dirección de empresas*, Fondo Educativo Interamericano, México, 1974.

Goldhaber, G. M., *Comunicación organizacional*, Logos Consorcio Editorial, México, 1977.

Hodgetts, R. M. y S., Altman, *Comportamiento en las organizaciones*, Nueva Editorial Interamericana, México, 1981.

Lasswell, H. D., "The Structure and Function of Communication in Society" en Brysan L. (dir.), *The Communication of Ideas*, Inst. for Religion and Social Studies, Nueva York, 1984.

Modelnética, Modelos ejecutivos, Banamex, México, 1982.

Rogers, E. M. y R., Agarwala, *The Mathematical Theory of Communication*, Illinois University Press, Urbana, Ill., 1980.

Stoner, J. A., *Management*, Prentice-Hall, Englewood-Cliffs, N. J., 1982.

CAPÍTULO 2

Comunicación descendente

Alberto Martínez de Velasco

En el capítulo anterior se explicó lo que es la comunicación, sus componentes principales y la importancia de ésta en las organizaciones. Se insistió que las organizaciones no pueden existir sin comunicación, ya que los empleados no sabrían qué hacer, cómo, cuándo, para qué y por qué hacerlo.

"Las grandes ideas gerenciales se reducen a meras reflexiones personales si el gerente no las pone en ejecución por medio de la comunicación. Los planes del gerente pueden ser los mejores del mundo, pero mientras no se comuniquen, valdrán punto menos que nada" (Davis, pág. 426, 1983).

Una organización con buena comunicación tiende a generar una mayor satisfacción laboral e incluso un mejor desempeño de sus empleados. Haciendo uso de ella las personas comprenderán mejor su trabajo, se sentirán más identificados y participarán más en la organización. Este capítulo trata de ahondar precisamente en una de las formas en que la comunicación fluye en una organización: la *comunicación descendente*.

¿QUÉ ES LA COMUNICACIÓN DESCENDENTE?

Es el tipo de comunicación que se da cuando los niveles superiores de la organización trasmiten uno o más mensajes a los niveles inferiores. Esto quiere decir que por comunicación descendente no se entenderá exclusivamente aquella que se origina en la gerencia y termina en los empleados, sino también y de manera muy importante, la que se origina en los niveles directivos y que fluye a la gerencia, ya que sin esta última, la primera no tendría ningún sentido.

Nuestra revisión empezará, entonces, desde los niveles más altos de la organización hasta los más bajos.

Comunicación gerencial

¿Por qué hacer hincapié en la comunicación gerencial?

En muchas ocasiones los esfuerzos más importantes de comunicación se dirigen a los empleados: "¡Total, la gerencia puede cuidarse sola!" Sin embargo, también existen razones por las que la comunicación de los directivos hacia los gerentes tiene la misma importancia; entre otras, que los gerentes no pueden trasmitir un mensaje con mayor claridad con la que ellos mismos lo entienden, y que una parte central de las actividades directivas son las actividades comunicativas (Allen, 1983; Barnard, 1983).

Consideramos relevante la revisión periódica de planes, metas y objetivos organizacionales desde los niveles más altos de cualquier institución. Esta revisión debe atender los elementos tanto estratégicos como tácticos y operativos de todos los niveles de la organización. Si esta revisión no se efectúa, o bien si no se da a conocer de manera clara y directa a los niveles inferiores, la eficacia y aun la supervivencia de una institución puede verse amenazada (*véase* figura 2.1). Esto no es una exageración. Existen muchos casos de empresas cuyos problemas principales se han debido a la falta de comunicación y/o de la consideración de sus estrategias y tácticas (Davis, 1983). Pongamos un ejemplo:

El caso Motorola vs. Zenith

En el libro al que nos hemos referido (*Built to last*), Collins y Porras (2004) comparan varias prácticas de empresas visionarias,

Figura 2.1. La fundamentación de las funciones de management (Adaptado de J. A., Stoner, 1982).

que han tenido larga vida en el mercado, con aquellas que no han tenido el mismo éxito.

En este caso, en particular, comentan que en 1991, el hijo y sucesor de Paul Galvin al frente de Motorola, Robert W. Galvin, escribió una serie de ensayos a sus empleados con el tema "Quiénes somos y por qué". En ellos discutió la importancia de valores como la creatividad, el propósito de renovación, la satisfacción total de la clientela, la calidad, ética, innovación etc. Además, Motorola tiene un propósito escrito y comunicado a todo el personal a través de diversos canales, que se puede traducir en algo así como "Por qué existimos: una declaración de propósitos, principios y ética".

Entre otras características, los autores atribuyen a empresas como ella, con razones de ser claramente definidas y sobre todo comunicadas a su personal el éxito que han logrado a través de los años.

En contraste, Zenith no tenía ningún caso similar de definiciones como éstas.

¿Qué es la "trampa de la actividad"?

La trampa de la actividad es la situación en la que el personal realiza actividades que alguna vez tuvieron objetivos claros pero que, al cabo de un tiempo, dicho personal trabaja sin saber claramente hacia dónde van encaminados, puesto que los objetivos no han sido reconsiderados, o bien, no se han comunicado de manera clara. Cabe señalar que no porque en alguna ocasión tuvimos objetivos claros y bien considerados y los comunicamos a las personas, podemos ya sentarnos tranquilamente sin preocuparnos por la realización de las actividades por parte de nuestro personal. La evolución de los mercados, sistemas de producción, necesidades y expectativas están en constante movimiento y, por lo mismo, nuestra actividad no puede permanecer estática pues caeríamos en la trampa. Todo proceso de planeación debe ir orientado a la consideración y revisión de objetivos bajo nuevas condiciones, por lo que su revisión periódica y la comunicación de los resultados a nivel gerencial deben ser prioritarios.

Hay que recordar que lo importante no es ser o aparentar ser muy activos, sino dar resultados que estén directamente relacionados con el (los) propósitos(s) de existencia de nuestra institución (misión, visión, valores, estrategias) pero que al mismo tiempo renueven su competitividad al tomar en cuenta las innovaciones que se den dentro o fuera de la misma empresa.

La actividad mal orientada consume recursos de todo tipo: dinero, espacio, materiales de trabajo y energía humana. Incluso una mala orientación de la actividad puede tener efectos en las personas: las limita personal y profesionalmente (Odiorne, 1981).

Si se tomaran al azar a un superior y a su subordinado y se les preguntara cuáles piensan ellos que son los resultados esperados en su departamento en el próximo semestre; en promedio, habría muy poca coincidencia en su juicio mientras que habría bastante más en las actividades que se van a desarrollar.

Algunos estudios realizados en Estados Unidos demuestran que:

1. El gerente promedio y su subordinado –a causa de la trampa de la actividad– estarán en desacuerdo sobre los resultados esperados en 25%.
2. Esta falta de concordancia en resultados esperados hace que estén en desacuerdo en 50% de sus problemas mayores.
3. Lo peor de todo es que lo anterior redunda en que estén 90% de las veces en desacuerdo sobre cómo mejorar el trabajo del subordinado.

¿Cómo salir de la trampa de la actividad?

Si no se realizan consideraciones periódicas sobre metas, planes y objetivos y se comunican claramente desde el nivel gerencial hasta el de empleados, éstos se pueden perder de vista. El personal podrá ser castigado o incluso despedido por cometer errores en su trabajo sin saber cómo desarrollar correctamente su trabajo en esa oficina y/o institución porque nunca nadie se lo dijo explícitamente.

Sería como tratar de completar una carrera de atletismo sin saber cuál es la pista, ignorando si es tiempo de hacer el *sprint* final, o no saber si se está corriendo una carrera de 100 metros o el maratón de la ciudad.

En este sentido, ¿cómo evaluaría usted el nivel de información que tiene para hacer su trabajo?, ¿cómo evaluaría la información que da a sus subordinados sobre qué hacer, cuándo, cómo, para qué y por qué hacerlo?

Resumiendo, la comunicación hacia el nivel gerencial de metas, planes y objetivos institucionales es imprescindible para que los ejecutivos tomen decisiones correctas en sus áreas específicas. Dado que muchas veces los ejecutivos están físicamente lejos del punto de decisiones, ellos servirán como centros de decisión competentes sólo en la medida en que se desarrollen fuentes de información apropiadas dentro de una institución.

Si los ejecutivos no cuentan con la información adecuada y/o éstos no la hacen llegar a sus subordinados, se afecta una amplia esfera de acción que toca a multitud de personas y actividades dentro de una institución. Si la comunicación gerencial no funciona adecuadamente, la comunicación a los empleados tenderá a padecer deficiencias similares.

En este sentido consideramos que la redefinición y/o reafirmación de objetivos institucionales se hace precisamente considerando las condiciones actuales y tratando de evitar al máximo el continuar nuestras actividades sin que sepamos a dónde vamos encaminados. Para ello, el papel del ejecutivo no es sólo buscar y entender los propósitos y valores de la empresa y trasmitirlos a sus subordinados, sino incluso tratar de establecer sus propios lineamientos departamentales y trasmitirlos con claridad y precisión a sus subordinados. La pregunta ahora sería: usted, como gerente, ¿ha tratado de llevar a cabo este mismo esfuerzo con su personal? ¿Les ha aclarado sus dudas y ha atendido sus comentarios? Si no lo ha hecho, hay que recordar que el peligro puede ser caer en la trampa de la actividad.

Comunicación a los empleados

La gerencia tiene a su disposición una multitud de técnicas, como las que se verán más adelante, además de la ayuda de personal especializado, para mejorar la comunicación descendente. No obstante, con todos estos recursos para lograr su eficiencia, hay ocasiones en que la comunicación descendente deja mucho que desear. ¿Por qué se da este fenómeno? Parte de la respuesta está en el inciso anterior, es decir, cuando el gerente no tiene claros sus objetivos, metas y planes. La otra parte importante está dada en el mismo estilo administrativo y comunicativo del gerente.

Los elementos que se mencionan a continuación están, precisamente, dentro de estos ámbitos. Veamos algunos de ellos.

Obtenga la información necesaria

Parte de la responsabilidad de todo gerente es contar con la información necesaria que le permita desarrollar sus labores de manera eficaz y eficiente. En este sentido, si el flujo no viene de arriba, él/ella debería pugnar por conseguir la información que considera primordial y no sólo quedarse en espera de que su superior, algún día, se la dé.

Si cada vez que un empleado pregunta algo, el gerente debe correr en busca de respuestas, no pasará mucho tiempo antes de que los empleados busquen otra fuente de información, con las consecuencias negativas de esto, por ejemplo: falta de confianza y crítica hacia el gerente. Imaginemos que un gerente de sucursal no se obliga a estar al tanto de todos los cambios y disposiciones operativas de los últimos meses. Imaginemos también que no tiene la iniciativa de ver nuevas disposiciones en materia de sistemas, tecnología o de personal. Cada vez que alguien llegue con una pregunta, la respuesta sería "no sé" o "pregunta eso al departamento especializado". Lo que esto traerá consigo será desconfianza total en el gerente como fuente de información y, por lo mismo, cuando las personas tengan dudas, buscarán otras fuentes de información.

Con lo anterior tampoco se quiere decir que el gerente deberá ser un genio de la información y tener todas las respuestas a la mano. Él deberá tener la información que considera prioritaria para el desempeño de su grupo de trabajo, pero también deberá saber a quién referirse para los casos de información más específica y/o complementaria para su actividad.

En cualquier caso, una actitud profesional y madura que sí se debe lograr es la de dar respuesta —ya sea inmediata o mediatamente— a las inquietudes y dudas de su equipo. En este momento se da la segunda actividad comunicativa del gerente.

Desarrolle una actitud positiva hacia la comunicación

Muchos gerentes se comunican con deficiencia porque no conceden importancia a esta actividad, o bien le conceden una importancia teórica pero en la práctica, sus acciones manifiestan lo contrario.

Esperamos que con lo dicho sobre especificación de objetivos y funciones y lo que trataremos más adelante sobre retroalimentación, podamos dejar en claro la importancia de una comunicación adecuada. En este sentido, creemos relevante comentar que la comunicación también es un elemento esencial para la satisfacción y el clima de trabajo, la motivación y el desempeño del personal (Davis, 1983, y Khandwalla, 1977).

Una vez marcada de manera breve la relevancia de la comunicación en el ámbito organizacional restaría el tratar de proporcionar algunos elementos que ayudarán a orientar la actitud comunicativa del ejecutivo. Si usted considera que tiene una actitud positiva hacia la comunicación solamente porque dice a su subordinado lo que está obligado a indicarle o lo que cree que él debe saber, está usted en un error. ¿Conoce realmente las necesidades de sus empleados? ¿Ha conversado con ellos al respecto? ¿Conocen ellos con precisión lo que se espera de su trabajo? ¿Saben hasta dónde y cuándo deben o pueden intervenir para desarrollarlo o, sobre todo, para mejorarlo? Si no lo ha hecho, la comunicación que pueda darles es definitivamente limitada.

El gerente eficaz tratará de compartir la información con sus empleados de acuerdo con sus necesidades y también de hacerles conscientes de que eso es precisamente lo que está buscando hacer.

En el capítulo 3 nombrado "Comunicación ascendente", referimos varias formas concretas que usted puede utilizar para estar realmente enterado de cómo son, cómo piensan y qué necesitan sus empleados en el ámbito comunicativo. Pero la efectividad de éstas dependerá, en principio, de si usted las considera importantes (actitud positiva) o una pérdida de tiempo que se puede dedicar a otros aspectos (actitud negativa). Si se encuentra en este último caso, solamente tome en cuenta que va a contracorriente también de las más importantes teorías administrativas que dan un papel fundamental a la participación activa de los empleados en monitorear la calidad de su trabajo directo, pero también en establecer cambios o mejoras de su responsabilidad directa y de los productos o servicios de la organización como un todo.[1]

Desarrolle y mantenga la confianza de sus empleados

Uno de los elementos más importantes en toda comunicación, y que en gran medida puede deberse a su actitud comunicativa, es la confianza que existe entre emisores y receptores, ya que ésta impacta de manera muy relevante a la eficacia de la comunicación. A este aspecto se le conoce como "credibilidad de la fuente o del emisor" (Hovland, *et al.*, 1953).

[1] Alberto Martínez de Velasco, "Escuelas del comportamiento organizacional", en *La Comunicación en las organizaciones*; Carlos Fernández Collado, Trillas, 1991 (aunque debe haber una edición posterior, que es la que quiero referir).

Si no existe confianza, el flujo de comunicación será muy limitado, ya que se tendrán menos deseos de enviar mensajes y menos razones para creer en los que se reciben. Todo se pone en duda ya que no se escucha debidamente o no se da crédito a lo que se escucha.

Un estudio de empleados de cuatro organizaciones en Estados Unidos reveló que existía una relación muy importante entre la confianza que se tiene en el superior y la creencia en la exactitud de la información que se recibía (Davis, 1983).

Gráficamente esta relación se da de la forma que muestra la figura 2.2.

Si no existe esa confianza, los empleados cuestionarán todos los mensajes que reciban: ¿Por qué habrá dicho eso la gerencia? ¿Con qué fin lo hizo? ¿Qué es lo que querrá en realidad?

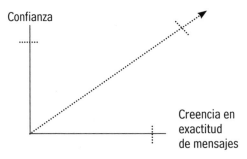

Confianza

Creencia en
exactitud
de mensajes

Figura 2.2. Relación entre confianza y creencia en la exactitud de los mensajes.

¿Qué elementos debemos tomar en cuenta para crear y mantener confianza con nuestros subordinados? Entre los más importantes están los siguientes:

* ¿Qué tanto me comunico con mis empleados?
* ¿Conozco sus necesidades más importantes de información?
* ¿Doy respuesta a sus necesidades, o digo lo que yo creo que ellos quieren?
* ¿Generalmente puedo responder a sus preguntas, o la mayoría de veces no lo puedo hacer?

- ¿Creen ellos que soy justo y recto?
- ¿Creerán que le doy a la comunicación con ellos la importancia que realmente merece?
- ¿Los mantengo informados de lo más relevante para la institución, la oficina y/o su trabajo o, por el contrario, tienen ellos que buscar otras fuentes de comunicación?

Si usted ha podido responder afirmativamente y con hechos a estas preguntas, lo felicitamos. Si no, ¿no cree que debería hacer algo al respecto? (En el capítulo 3 se mencionan algunas prácticas que pueden ser útiles para mejorar su comunicación.)

Desarrolle un plan de comunicación

Ningún plan gerencial está completo en realidad si no contiene un planteamiento acerca de cómo comunicarlo a los interesados.

El tipo de ideas que se van a realizar, la manera de expresarlas (tono, lenguaje, etc.) y su orden de presentación dependen, en muy buena medida, de quiénes son nuestros receptores. Para ser efectivo al respecto, es obvio que hay que conocerlos lo más posible. Además, usted debe tener en cuenta que a las personas les gusta tener noticias "frescas", con la debida anticipación, de los cambios que los afecten.

Ello implica que, idealmente, la comunicación oficial de nuestros superiores debería ser siempre la primera en llegar. En caso contrario, la comunicación informal y el rumor derivarán en distorsiones que pueden llegar ser muy peligrosas: como mínimo se afecta la credibilidad o confianza de los empleados en sus superiores (*véanse* cuadros 2.1 y 2.2).

NECESIDADES DE LA COMUNICACIÓN

Si bien en el apartado de "Comunicación gerencial" se mencionaron ya algunas de las necesidades más importantes de co-

Cuadro 2.1. Problemas que debe considerar el ejecutivo en la comunicación descendente (adaptado de Gibson, Ivancevich y Donnelly, 1984).

- La comunicación es un proceso vital e inevitable en la organización; sólo es evitable la comunicación eficaz.
- La calidad de las decisiones gerenciales depende, en gran parte, de la calidad de información disponible.
- Todo lo que hace un gerente, comunica. La única cuestión es, ¿con qué efecto?
- Existen numerosas técnicas que ayudan a mejorar la comunicación y que pueden utilizar los gerentes. Un requisito previo para su uso es la conciencia, por parte del gerente, de que la comunicación incluye entender y ser entendido.

Cuadro 2.2. Condiciones que promueven la aceptación de la comunicación descendente (adaptado de Davis, Keith, 1983).

- Aceptación de la legitimidad de la persona que envía la comunicación.
- Competencia percibida de la persona en relación con el tema que comunica.
- Confianza en la persona que comunica como líder y/o individuo
- Credibilidad percibida del mensaje recibido.
- Entendimiento y aceptación de las tareas y metas que la comunicación trata de trasmitir.
- Poder de la persona que comunica para imponer castigos y/o recompensas al receptor, ya sea directa o indirectamente.

municación (saber qué hacer, cómo, cuándo, para qué y por qué hacerlo), aquí consideramos más a fondo algunas otras necesidades también importantes.

En la mayoría de los casos los gerentes piensan que comprenden las necesidades de comunicación de su personal, pero a menudo sucede que sus empleados no comparten esta opinión. Debido a ello, es muy importante que estén atentos a estas necesidades, sus cambios y desarrollo, para no quedarse con una confianza excesiva que les impida tomar las debidas precauciones. Hay que recordar que no por haber estado al tanto de las necesidades alguna vez nos asegura éxito siempre, aun con el mismo personal (Arias Galicia, 1975).

A continuación se tratarán algunas de las necesidades más comunes.

Instrucciones de trabajo

Ésta es una de las necesidades más importantes de comunicar en todo trabajo. Como hemos visto, las organizaciones mejor manejadas tienen perfectamente claro a dónde van y lo hacen saber a todos los niveles de la organización en términos de objetivos y metas.

Para trasmitir esta información a los empleados deben existir reuniones periódicas entre gerentes y subordinados, hablar no sólo de los objetivos sino también de los resultados esperados en el futuro, relacionándolos con las actividades específicas que las personas habrán de desarrollar. Esto se menciona debido a que en innumerables ocasiones se pide a los empleados que desarrollen X o Y actividad, sin siquiera hacerles saber cómo se relacionan tales actividades con las metas u objetivos que debe conseguir la oficina o toda la organización. Se pierde de vista el bosque para centrarse en un solo árbol o una rama.

Es obvio decir que el otro extremo (decir todo con detalle excesivo) es igualmente erróneo pues derivará en sobrecarga de información que las personas no podrían o no sabrían manejar. En términos generales, no obstante, en las organizaciones se peca de falta y no de exceso de comunicación. *¿Cuál es entonces la "dosis" ideal?* Consideramos que si una persona es capaz de contestar las siguientes preguntas, y está de acuerdo con las respuestas de su superior, se encuentra en el camino correcto:

- ¿Qué se espera de mí en el trabajo?
- ¿Cuándo supe qué se espera de mí en mi trabajo?
- ¿Qué apoyo y/o recursos tendré a la mano para desempeñar mi trabajo?
- ¿Cuánta libertad de acción puedo esperar desarrollando mi trabajo?

- ¿Cada cuándo reportaré resultados y en qué forma?
- ¿Cómo podré saber si estoy desempeñándome bien?
- ¿Qué recompensas puedo esperar de un trabajo bien desarrollado y consistente?
- ¿Sobre qué bases de desempeño se darán las recompensas?

En síntesis, en este punto se deberán cubrir las instrucciones de trabajo, así como una explicación razonada del mismo, que lleve a la comprensión de la tarea y de la relación de ésta con otras tareas organizacionales. En otras palabras, hay que saber ordenar y delegar, relacionando estos procesos con objetivos y metas más generales, de manera que las personas entiendan claramente dichos puntos.

Retroalimentación sobre el desempeño

Otro elemento esencial dentro de las necesidades de comunicación es la retroalimentación constante y continua sobre la actuación. Algo muy importante es diferenciar entre una evaluación formal de desempeño y una retroalimentación más constante e informal.

La evaluación formal trata de ser una recapitulación de lo logrado, por lo general en un periodo relativamente largo. No obstante, en muchas ocasiones esto se hace de manera subjetiva puesto que:

- No se dan instrucciones de trabajo claras y precisas.
- No se especifican prioridades.
- No se establecen parámetros de evaluación.
- Interfiere en el superior la relación o imagen que tiene del subordinado.
- La opinión del superior se basa en las experiencias más recientes con el empleado, olvidando o minimizando otras experiencias o contactos.

Precisamente para contrarrestar todas estas posibles deficiencias, es muy conveniente dar una retroalimentación sobre el buen y mal desempeño con la mayor frecuencia y, siempre que se pueda, inmediatamente después del hecho que le dio origen.

Lo anterior hará que los empleados tengan una idea acerca de qué es lo "bueno", lo "malo", y por qué los superiores lo juzgan así. Todo esto demostrará al empleado el interés que se tiene en su desempeño, además de que derivará en una mayor objetividad de quienes llevan a cabo la evaluación.

En general, la retroalimentación constante con respecto al desempeño genera tanto mejor rendimiento como actitudes más favorables.

La bibliografía que documenta el impacto positivo de la retroalimentación en el trabajo es muy extensa (Luthans, 1981).

No obstante, los individuos en el trabajo cotidiano siguen recibiendo muy poca o nula retroalimentación sobre su desempeño. Los empleados, en general, tienen deseos muy intensos de saber si están actuando de manera positiva o negativa y por qué (sobre todo si están muy motivados en lograr las metas impuestas por la organización).

La retroalimentación por sí sola puede lograr efectos positivos muy importantes. ¿Por qué no emplearla con frecuencia? (*véase* capítulo 5).

Noticias

Por último, los mensajes descendentes deben tratar de llegar siempre como información nueva y no como algo añejo, ya conocido a través de otras fuentes.

La comunicación oficial debe llegar siempre de manera oportuna, lo que ayudará a crear certidumbre y confianza en el empleado (*véase* figura 2.3).

CONCLUSIONES

1. La comunicación descendente se da cuando los niveles superiores de la organización trasmiten uno o más mensajes a los niveles inferiores.

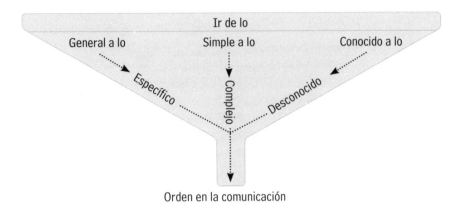

Figura 2.3. Pautas de la comunicación. Puntos que se deben practicar para convertirlos en una costumbre o hábito comunicativo (tomado de *Modelnética*, Modelos ejecutivos, Banamex, 1982).

2. La comunicación gerencial es importante ya que sirve de enlace entre los niveles directivos y los empleados, evitando caer en la "trampa de la actividad" y permitiendo a los gerentes tomar decisiones fundamentadas y bien orientadas.
3. Algunas técnicas que los gerentes pueden utilizar para mejorar su comunicación descendente son: desarrollar una actitud positiva de comunicación, obtener información necesaria, desarrollar y mantener la confianza de los empleados y desarrollar un plan de comunicación.
4. Las necesidades de comunicación descendente más comunes son: instrucciones de trabajo, retroalimentación sobre el desempeño y noticias a los empleados.

BIBLIOGRAFÍA

Allen, Robert, "La función directiva como profesión", en I. Chiavenato *Administración de recursos humanos*, McGraw-Hill, México, 1983.

Arias Galicia, Fernando, *Administración de recursos humanos*, Trillas, México, 2004.

Barnard, Chester, *El comportamiento humano en el trabajo*, McGraw-Hill, México, 1983.

Collins, Jim y Jerry I. Porras, *Built to last*, Harper Collins Publishers, Nueva York, 2004.

Davis, K., El comportamiento humano en el trabajo, McGraw-Hill, México, 1983.

Gibson, J. L., J. M. Ivancevich, y J. H. Donnel, *Organizaciones: conducta, estructura, proceso*, Nueva Editorial Interamericana, México, 1984.

Hovland, C. I., I. C. Janis y H. H. Kelly, *Communication and Persuasion*, Yale University Press, New Haven, 1953.

Khandwalla, P. N., *The Design of Organizations*, Harcourt, Brace and Jovanovich, Nueva York, 1977.

Luthans, F., "Organizational Behavior Modification", en S. R. Michael, *et al.*, *Techniques of Organizational Change*, McGraw-Hill, Nueva York, 1981.

Modelnética, Modelos ejecutivos, Banamex, México, 1982.

Odiorne, G. S., *"Management by Objectives"*, en S. R. Michael, *et al.*, *Techniques of Organizational Change*, 1981.

Stoner, J. A., *Management*, Prentice-Hall, Englewood Cliffs, N. J., 1982.

CAPÍTULO 3

Comunicación ascendente

Guillermo Savage

En el capítulo 2 se hizo referencia a la comunicación de tipo descendente, destacando algunas de sus características más relevantes.

Una de las conclusiones del capítulo 2 es que la comunicación descendente permite dar a conocer a los empleados los objetivos y metas que persigue la institución, así como la información necesaria para realizar su trabajo (qué, cómo, por qué y para qué hacer).

Ahora bien, en contra de la ley de la gravedad, la comunicación en las organizaciones debe ir también hacia arriba, incluso cuando ninguna información vaya en otra dirección. La importancia de ello es que, sin mensajes que provengan de la base, sin conocer lo que opina y piensa el personal, nuestra manera de administrarlo y de obtener más resultados de éste será, a lo sumo, parcial y limitada.

En el presente capítulo trataremos el tema de la comunicación ascendente, su importancia, normas, prácticas y dificultades que en ella se generan, con objeto de hacer conciencia de su importancia y esperando motivar a la acción.

¿QUÉ ES LA COMUNICACIÓN ASCENDENTE?

Podremos definirla como aquella que se da cuando las personas de los niveles bajos emiten uno o más mensajes a los niveles superiores en la estructura organizacional, a través de canales formales e informales. De la misma manera que una de las características de la comunicación descendente es que debe ser detallada y específica (Hall, 1980), la comunicación que va en el sentido opuesto debe condensarse, resumirse y presentar un panorama más general de lo que está sucediendo en la base.

La comunicación ascendente adopta muchas formas, sin embargo, puede reducirse a lo que la persona dice:

• De sí misma, su desempeño y sus problemas.
• Acerca de otras personas y sus problemas.
• Acerca de los usos, prácticas y políticas organizacionales.
• Acerca de lo que es necesario realizar y cómo puede llevarse a cabo.

En otras palabras, la comunicación ascendente puede constituirse en un termómetro de lo que sucede con las personas a nuestro mando y, por tanto, su utilidad está en que dependiendo del nivel de detalle que tengamos, podamos diagnosticar y pronosticar sucesos para poderlos manejar de una manera más eficiente (Katz y Kahn, 1981).

IMPORTANCIA DE LA COMUNICACIÓN ASCENDENTE

A continuación mencionamos algunas de las características que le dan importancia a esta forma de comunicación.

1. Brinda a los niveles altos de la organización la retroalimentación que proviene de niveles más bajos acerca de las comunicaciones descendentes (Hodgetts y Altman, 1981). La comunicación ascendente es el contacto de los

empleados con sus superiores para que éstos estén suficiente y oportunamente informados de la manera en que sus departamentos o áreas de responsabilidad reciben las comunicaciones descendentes (ejemplo: si son o no suficientes, claras, oportunas, etc.) y, por lo mismo, de lo que pueden esperar de su personal como respuesta a estos comunicados (recuérdese que mientras más detallada sea la información que se dé a los empleados, mayor posibilidad se tendrá de obtener una respuesta adecuada por parte de éstos).

2. Mide el clima organizacional imperante. La comunicación ascendente crea, además, un canal por el que la administración puede medir el clima organizacional y enfrentarse a problemas, como quejas o baja productividad, antes de que se conviertan en graves.

3. Permite la participación de los empleados en la toma de decisiones mediante la aportación de sus ideas, con base en el conocimiento de sus tareas. Esto, a su vez, impactará positivamente en la motivación del personal la satisfacción con su tarea y, por tanto, abrirá las puertas a una mayor productividad.

4. Permite el diagnóstico de las malinterpretaciones y la prevención de nuevos problemas cuando se presentan los primeros síntomas de tensión y dificultades, ya que satisfacen necesidades humanas básicas, como el sentirse tomado en cuenta.

5. Puede incrementar la aceptación de decisiones ejecutivas. En la medida en que exista un mayor acercamiento entre los jefes y empleados, se logrará una mejor aceptación y comprensión en los últimos, con respecto a las decisiones ejecutivas.

6. Mejora el conocimiento de los subordinados. La habilidad para influir y motivar a los niveles inferiores, tendrá mejores fundamentos y oportunidades si se conocen y comprenden las formas de pensar y sentir de su personal.

En conclusión, podemos decir que este tipo de comunicación ayuda a fundamentar la toma de decisiones (*véase* figura 3.1).

Comunicación ascendente
- Proporciona información con respecto a la forma en que se recibieron y entendieron los mensajes descendentes.
- Ayuda a medir el clima organizacional.
- Promueve la participación del empleado en la toma de decisiones.
- Permite el diagnóstico de malinterpretaciones.
- Incrementa la aceptación de decisiones ejecutivas.
- Mejora el conocimiento de los subordinados.
- Fundamenta la toma de decisiones.

Figura 3.1. Importancia de la comunicación ascendente.

NORMAS DE LA COMUNICACIÓN ASCENDENTE

Uno de los métodos que pueden ayudar a fomentar la comunicación ascendente dentro de una organización es el establecimiento de una política general que exprese los tipos de mensajes que se desean.

A continuación se presentan, a manera de ejemplo, las normas que al respecto adoptó una compañía en Estados Unidos.

Los empleados mantendrán informados a los supervisores directos acerca de:

1. Aquellos aspectos en los que el supervisor es responsable ante los niveles superiores (incluyendo toda la responsabilidad básica de la actuación).
2. Cualquier elemento en el que pueda existir desacuerdo o que pueda provocar controversia dentro de las diversas unidades o departamentos de la organización o entre éstas.
3. Los aspectos que necesitan una asesoría del supervisor o la coordinación con otras personas o unidades.
4. Cualquier aspecto concerniente a recomendaciones o sugerencias tendientes a efectuar cambios, innovaciones o variaciones en las normas establecidas tendientes a optimizar recursos o mejorar la productividad.
5. Cualquier otro aspecto que pueda derivar en mejoras económicas o sociales para la empresa.

Como puede verse, este tipo de normas son específicas pero dejan aún margen suficiente para que los empleados usen su propio criterio, lo que facilita mucho el camino a este tipo de comunicación (Davis, 1983).

PRÁCTICAS DE LA COMUNICACIÓN ASCENDENTE

Además de contar con normas apropiadas, es necesario manejar diversas prácticas para mejorar la comunicación ascendente. A continuación detallamos algunas de las que la bibliografía y las experiencias dentro y fuera del país señalan como las más importantes.

Realice reuniones periódicas con su personal

Es importante que usted celebre reuniones periódicas con sus empleados, ya que sirven para fortalecer la comunicación ascendente a través de juntas, asambleas, etc. En ellas se debe animar a los trabajadores a hablar con claridad sobre cualquier problema de trabajo, necesidades y prácticas gerenciales que de alguna manera faciliten su desempeño personal o bien interfieran con él.

Si el personal percibe que su interés por este tipo de reuniones es sincero y que se da alguna respuesta a sus inquietudes, se desarrollará un ambiente pleno de confianza y comunicación que facilitará mucho el cumplimiento de las tareas.

En el Banco Nacional de México, por ejemplo, existen actualmente ejercicios de este tipo en varias direcciones y a distintos niveles. Entre ellas podemos hablar de reuniones mensuales de los gerentes de sucursal con su personal, en las que se discute, pregunta o sugiere sobre todas las funciones y servicios de la sucursal y en donde el gerente actúa como coordinador y responsable. De cada una de estas reuniones se levanta una minuta que tiene dos objetivos principales: por una parte, tener una constancia de lo que se obtiene de cada reunión y de cómo se van solucionando o atacando estos puntos en la práctica, y por otra, el mandar copia de la misma al superior (gerente de plaza o regional) para involucrarlo, fomentar su retroalimentación y dar formalidad a las reuniones. Para que este tipo de mejoras o cambios funcionen, no hay que olvidar que debe establecerse como un compromiso con fechas predeterminadas, así como responsables de llevar a cabo las actividades correspondientes.

Mantenga una política de puertas abiertas

Este tipo de práctica de comunicación ascendente radica en el hecho de que el personal se pueda acercar a los niveles superiores para hablar directamente de todo aspecto que considere de interés o importancia. Generalmente el empleado deberá acudir con su superior inmediato para tratar este problema, pero deberá estar enterado que si éste no se resuelve, podrá acudir a niveles jerárquicos superiores. Lo que se busca con ello es que el empleado no se quede con alguna inquietud sin resolver, pues esto puede interferir en su motivación y desempeño o incluso, a la larga, puede derivar en problemas mayores.

Este tipo de práctica tiene sus dificultades o barreras lógicas, pues el empleado puede temer que se tomen represalias en su contra. No obstante, si no lo hace cuando es realmente necesario, el ambiente de comunicación en su departamento puede seguir deteriorándose sin que nadie ni nada lo eviten.

La puerta abierta puede constituirse en una ayuda muy importante para que la comunicación ascendente fluya. El principal problema para que esta práctica dé resultados es saber si el gerente que está detrás tiene en realidad una actitud de puertas abiertas y si los empleados se sienten libres para cruzarlas. Hay que recordar que "del dicho al hecho ...".

¿Cómo puede usted saber si su práctica en este sentido es adecuada? Empiece por recordar si sus empleados acuden a usted cuando tienen algún problema, o por el contrario, hacen lo posible por no contárselo. ¿Hasta qué punto saben que pueden contar con su apoyo o que usted simplemente los oirá? En el Banco Nacional de México la práctica de puertas abiertas ha dado muy buenos frutos y ha acercado a los distintos niveles de personal, reforzando el liderazgo, creando un clima de trabajo más propicio y fortaleciendo la identificación con la institución.

Trasponga los umbrales de su oficina

Una actitud que resulta aún más eficiente que la de "puertas abiertas" es que los ejecutivos traspongan sus propios umbrales y se acerquen a su personal. De esta manera aprenderán más sobre ellos que permaneciendo sentados en sus oficinas. La actitud en estos casos también deberá ser de apertura, para no hacer sentir que sólo los visita para ver qué hacen mal. ¿Por qué no ir con una actitud abierta y hacerles ver lo que hacen bien?

Para ilustrar lo anterior, veamos los resultados de una importante compañía en Estados Unidos, la cual "trasladó sus puertas abiertas" de la oficina administrativa al comedor de la empresa, lugar en donde obtuvo resultados espectaculares. Se puso en práctica un programa llamado "Operación comunicación sincera", en la que los gerentes de niveles superiores comerían con grupos de empleados.

Los empleados se inscribieron voluntariamente para acudir a estas comidas y luego los gerentes se asignaban a las mesas, asegurándose de que los trabajadores comieran con alguien que no trabajara con ellos directamente. Este método permitió que se sintieran con mayor libertad para exponer abiertamente sus inquietudes. La única promesa de la administración fue escucharlos.

Aunque el programa era voluntario, más de 80 % de los empleados decidió participar y su información resultó importante. Cada gerente redactó informes regulares sobre las cuestiones problemáticas identificadas durante las comidas, pero sin mencionar los nombres de los trabajadores. Estos informes se convirtieron en la base para efectuar un profundo estudio de los problemas existentes encaminado a iniciar una acción correctiva que tuvo excelentes resultados. Los principales temas fueron productividad (32%), satisfacción en el empleo (26%) y comunicación deficiente (23%) (Davis, 1983).

Cartas y sugerencias de los empleados

Otra práctica de comunicación ascendente que ha dado frutos interesantes es motivar al personal a enviar cartas a alguna área previamente determinada, presentando preguntas e incluso quejas o sugerencias. Por lo general, las cartas recibidas se procesan en forma anónima y el área escogida deberá dar respuesta a todas, asesorándose por unidades especializadas para fundamentar las respuestas. En el caso de que éstas se clasifiquen como de interés general, se pueden publicar en el boletín informativo de la empresa.

Este tipo de práctica no sólo permite tener información de primera mano, para evitar así posibles filtrados que distorsionen la información, sino que también fomenta la participación encauzada del personal.

Otro subproducto importante es saber qué tipo de información quiere tener el personal y cuáles son sus dudas y preocupaciones, lo que puede derivar en que la información de los órganos oficiales de comunicación esté más fundamentada. Veamos un ejemplo práctico de cartas de personal.

El programa de "línea abierta" del Bank of America recurre a formas impresas que distribuye a toda la organización para que en ellas los empleados puedan dirigir sus preguntas, dudas o inquietudes. Los responsables de este programa las turnan a su vez a las áreas especializadas correspondientes, que deben dar una respuesta en un lapso no mayor de 10 días. Las respuestas son enviadas a los empleados, que se identifican, asegurándoles total confidencialidad en el trato (Davis, 1983). Este tipo de prácticas son un estímulo importante para la motivación del personal, dado que lo hacen sentir considerado, reforzando con ello la identificación con la institución y la imagen interna.

En cuanto a las sugerencias del personal, éstas deben considerarse tanto a nivel formal (a través de grupos de participación en aspectos de calidad o mejora continua) como en aprovechar cierta libertad de los gerentes o jefes en sus departamentos. Un ejemplo muy interesante de esto último lo refieren Collins y Porras (2004) al hablar de uno de los cambios más interesantes ocurridos en Walmart. Seguramente a todos nos ha pasado que, últimamente, acudimos a alguna tienda o centro comercial y hay algún empleado dándonos la bienvenida. Pues esta estrategia no vino de ninguna estrategia o plan específico. Sucede que un gerente de tienda en Crowley, Louisiana, estaba teniendo algunos problemas con robos de mercancía y decidió realizar un experimento.

Puso en la entrada a una persona mayor de buena y agradable apariencia para que diera la bienvenida o despedida a las personas que pasaran por la puerta. Esta persona hacía que los clientes honestos se sintieran bienvenidos y al mismo tiempo, enviaba un "mensaje" a las personas que habían robado mercancía, quienes tenían que actuar con más precaución, o bien desistir de su intento.

Nadie en Walmart había concebido algo así. Sin embargo, el experimento funcionó y eventualmente se convirtió en un estándar de trabajo en estas tiendas, con ventajas competitivas para la empresa.

Además, la empresa también obtiene los beneficios marcados en la importancia de la comunicación ascendente, como retroalimentación, diagnóstico de malinterpretaciones, incremento en la aceptación de decisiones, etcétera.

Fomente la participación de grupos sociales

Las reuniones informales que se celebran con el personal constituyen una de las formas más eficaces de comunicación ascendente. En ellas, el personal se siente más libre y genera información espontánea de mucho interés para la empresa. Si bien el objetivo final de este tipo de reuniones es la convivencia y la motivación, la comunicación ascendente es un subproducto muy importante de ellas.

Muchos de los eventos realizados para conmemorar los 100 años del Banco Nacional de México tuvieron gran éxito y acogida entre el personal y generaron también información muy rica. En algunas regiones del país, este tipo de reuniones se realizan mensualmente en las casas del propio personal, y acuden a ellas personas del primer nivel. La comunicación que ahí se ha generado ha sido de gran utilidad para todos.

Estimule las encuestas de actitud

Este tipo de estudios tienen por objeto conocer la actitud y la opinión del personal sobre determinados asuntos que son de interés para los niveles superiores, además de que también son importantes medios de comunicación ascendente de los que se dispone para tomar decisiones fundamentadas.

Si dichos estudios son bien presentados, en el sentido de que el personal vea la importancia de contestarlos sinceramente, y si además sirven realmente para tomar acciones que respondan a las inquietudes esbozadas, se irá creando un clima de confianza mutua que podrá resultar en beneficios de motivación, satisfacción y productividad.

La recolección de la información puede hacerse a través de cuestionarios escritos, de entrevistas o de simples charlas, pero hay que tener mucho cuidado en su manejo, pues, de lo contrario, podría caerse en una "encuestitis" que, lejos de mejorar la situación, puede empeorarla y crear gran desconfianza. Por esto se sugiere que, si bien es necesario tenerlas en cuenta y darles relevancia, su planteamiento preciso debe hacerse asesorándose o coordinándose con especialistas.

Los resultados de estas encuestas o estudios son dados a conocer a la gerencia, a manera de sugerencias, opiniones o recomendaciones de las unidades asesoras para los jefes de línea de quienes dependen (de ahí su sentido ascendente). Son opiniones técnicas o científicas sobre asuntos que requieren conocimientos especializados para que después, junto con el gerente, se puedan llegar a determinar aquellas acciones que seguirán para reforzar o reorientar puntos fuertes y débiles, respectivamente.

Una vez identificadas estas posibles acciones, habrá que implantarlas para dar respuesta al personal. Recuérdese que éste es, en realidad, el objetivo último que se persigue.

Como ejemplo de lo anterior, podemos mencionar que en estudios realizados dentro y fuera del Banco Nacional de México, se ha podido detectar que el personal se motiva e involucra más en su trabajo y da mejores frutos cuando tiene una retroalimentación constante y directa de su superior. No obstante estos hechos, en muchos casos la evaluación de desempeño se deja a un lado (por falta de confiabilidad o adecuación del instrumento o porque se le concede poca importancia a los ojos de la gerencia).

En reuniones posteriores a estos estudios con la gerencia, los especialistas deben ayudar a dejar en claro la importancia de la evaluación y, en caso de que al instrumento con que se cuente para efectuarla se le vean deficiencias, conjuntamente con la gerencia se deberán proponer acciones que lo modifiquen en beneficio de todos.

Por último, a este ejercicio deberá dársele seguimiento y control para percatarse de que la acción decidida va encaminada en el sentido deseado (*véase* figura 3.2).

Figura 3.2. Prácticas de la comunicación ascendente.

DIFICULTADES DE LA COMUNICACIÓN ASCENDENTE

Hasta ahora hemos mencionado algunas normas y prácticas de la comunicación ascendente y si bien aparecen como elementos fáciles de implantar, cada una de ellas puede enfrentarse a posibles problemas.

A continuación, enunciaremos algunas de las dificultades que se dan con más frecuencia en la comunicación ascendente para que se tenga conciencia de ellas y se traten de tomar precauciones para salvarlas.

Filtros de la comunicación ascendente

Los empleados tienden a enviar por las redes ascendentes aquellos mensajes que aumentan su credibilidad y mejoran su posición, filtrando o bloqueando aquellos mensajes que pueden ser negativos para su imagen. Veamos un ejemplo: "Cuanto mayores sean las aspiraciones de promocionar a un empleado, menor será la información negativa que éste le facilite a su jefe. Además de la tendencia a filtrar las malas noticias cuando siguen una dirección ascendente, el problema planteado por la posición o estatus de la persona receptora también inhibe muchos mensajes ascendentes" (Read, 1962). Es difícil hablarle directamente a un director, tanto por su nivel, como por la imagen que quiero darle.

El flujo de la comunicación ascendente

Una dificultad inherente a este tipo de comunicación está en el hecho de que tiende a moverse con lentitud y sufriendo muchas veces demoras.

En cada uno de los niveles de una organización, la persona que tiene la necesidad de enviar un mensaje ascendente lo piensa siempre más de dos veces, pues siente que el enviarlo se puede tomar como una admisión de que no se pudo manejar acertadamente algún problema. Si por fin se decide a hacerlo, bien puede ser que lo disfrace de tal manera que los niveles superiores reciban sólo una fracción del mensaje real. La tendencia es, en conclusión, el pensar mucho antes de enviar el mensaje haciendo el flujo lento.

Salto de niveles

Hemos visto, al hablar de "puertas abiertas", que algunas veces la comunicación ascendente puede saltar niveles jerárquicos, con objeto de que la información llegue más fresca y directa a los superiores, lo que puede provocar ciertos enfrentamientos o roces entre niveles. Al respecto, hemos de decir que cuando existe una necesidad válida para hacerlo –en términos de la importancia de la comunicación– y una vez que se haya intentado llevar la comunicación al supervisor directo sin éxito, el salto de niveles es la única vía que queda disponible. De lo contrario, los problemas que se eviten ahora pueden ser mayores en el futuro.

La manera de tratar de resolver el posible problema de los roces causados por salto de niveles es, en primer lugar, estableciendo formal o informalmente normas para la comunicación ascendente en donde se especifique que siempre se acudirá, en principio, con el supervisor directo para presentar quejas y/o sugerencias. Ahora bien, en caso de que éste no atienda las inquietudes del personal, se permitirá acudir con el supervisor del supervisor para presentar la comunicación, debiendo el primero de mantener en el anonimato a la(s) persona(s) que acudieron con él para evitar cualquier represalia del jefe directo. En este caso, el salto de niveles puede orillar a que los superiores directos le den más importancia a la comunicación ascendente y consideren más a su personal para futuras ocasiones.

Uno de los resultados más importantes que se buscan con la comunicación ascendente es que se complemente el hábito de ordenar con el hábito de escuchar.

Necesidades de respuesta

Cuando se recibe la comunicación ascendente, la gerencia debe responder a ella con el objetivo de impulsar el paso de los mensajes ascendentes en el futuro. De lo contrario, la falta de respuesta desalienta la comunicación ascendente, como lo demuestra el siguiente ejemplo:

En una ocasión se envió un memorando a los gerentes de las sucursales de ventas de una compañía, animándolos a presentar sugerencias con el propósito de mejorar las relaciones con sus clientes. Poco tiempo después de haber recibido el memorando, una gerente de sucursal solicitó que la empresa revisara una cláusula "de letra fina" en uno de los contratos de venta, porque varios clientes habían presentado objeciones a ella. Inmediatamente después de que envió la carta, recibió una llamada telefónica de uno de los miembros de la gerencia superior. Transcurrió un año sin que volviera a saber nada sobre el particular y la cláusula seguía todavía sin corregirse. La gerente comentó al entrevistador que "las respuestas de esta índole no la animan a una a comunicarse con la gerencia superior para nada".

Como lo hemos dicho antes, la necesidad de respuesta es uno de los puntos clave para lograr un buen ambiente de trabajo. Si se da, el ambiente mejorará para bien de todos; en caso contrario, el círculo se moverá a la inversa e impedirá la comunicación (Davis, 1983).

¿Qué se puede hacer con respecto a estas dificultades?

Es obvio decir que este tipo de filtros se darán más frecuentemente en los primeros intercambios entre dos personas o niveles, pero si el superior sabe crear un ambiente favorable de comunicación y confianza con el subordinado, poco a poco los filtros tenderán a desaparecer. En otras palabras, mucha de la calidad en la comunicación ascendente se fundamenta en la calidad de administración de personal que tenga el superior y en qué tanto mantiene buenas relaciones con sus empleados. Otra manera de salvar indirectamente estos filtros es cotejando la información accesada con la que otras personas puedan dar; contra la que uno mismo posee, o contra el conocimiento que se tenga del desempeño de la persona que trasmitió dicha información.

Así, aunque una persona se presente como "inocente" o "profesional", el conocimiento que uno tiene de ella por otros medios servirá para saber qué tan válida y confiable es la comunicación que la persona trasmitió.

ESFUERZOS PARA ALENTAR LA COMUNICACIÓN ASCENDENTE

La práctica real de las organizaciones en diversos países nos indica que el fomento de este tipo de comunicación es mínimo en realidad. Los niveles superiores siempre creen saber perfectamente lo que necesita, piensa, hace o siente su personal, cuando en realidad casi nunca se lo han preguntado directamente o se han molestado en investigarlo. Es obvio decir que este problema se da con más frecuencia en organizaciones grandes y complejas.

No obstante, el fomento de este tipo de comunicación es crucial dado que la dirección y vitalidad de las empresas no se puede entender si no se sabe cómo piensa su personal. Y si bien el hecho de que este tipo de comunicación muy escaso no redunda en un paro de las actividades –aparentemente se sigue la marcha–, la habilidad para optimizar la productividad y calidad de servicios tendrá siempre mejores oportunidades y fundamentos si se conoce y se comprende la forma de sentir del personal (*véase* cuadro 3.1).

CONCLUSIONES

1. La comunicación ascendente se da cuando las personas de los niveles bajos en la estructura organizacional emiten uno o más mensajes hacia los niveles superiores, a través de los canales tanto formales como informales.
2. La comunicación ascendente brinda a la administración la retroalimentación que proviene de los empleados, permite la participación de éstos en la toma de decisiones y proporciona el diagnóstico de malinterpretaciones con respecto a los mensajes.

68

Cuadro 3.1. Mensajes que se deben incluir en la comunicación ascendente (adaptado de Planty y Machaver, 1952).

- Lo que están haciendo los empleados: "esta semana estaré trabajando en el proyecto X".
- Los problemas laborales no resueltos: "tenemos problemas para sacar el reporte pues no sirve la computadora".
- Sugerencias sobre el trabajo que se va a realizar: "creo que deberíamos eliminar la cuarta etapa".
- Actitudes y opiniones del trabajo, colegas y la compañía: "me siento muy satisfecho de trabajar aquí ".

---

3. Algunas de las prácticas que se utilizan para mejorar la comunicación ascendente son: celebrar reuniones periódicas con los empleados, mantener una política de puertas abiertas y traspaso de los umbrales de la oficina, así como fomentar la participación en grupos sociales y estimular las encuestas de opinión.

4. Entre los problemas que surgen en la comunicación ascendente tenemos: la lentitud de los mensajes, los filtros en la comunicación y los "cortocircuitos".

5. Algunas de las formas que atacan más efectivamente estos problemas son la creación de confianza mutua entre superior y empleado, y el dar a la comunicación su lugar dentro del proceso efectivo de *management*.

BIBLIOGRAFÍA

Collins, Jim y Jerry I. Porras, *Built to last*, Harper Collins Publishers, Nueva York, 2004.

Davis, K., *El comportamiento humano en el trabajo*, McGraw-Hill, México, 1983.

Goldhaber, G. M., *Comunicación organizacional*, Logos Consorcio Editorial, México, 1977.

Hall, R. H., *Organizaciones: estructura y proceso*, Prentice-Hall, Englewood Cliffs, N. J., 1980.

Hodgetts, R. M. y S. Altman, *Comportamiento en las organizaciones*, Nueva Editorial Interamericana, México, 1981.

Katz, D. y R. L. Kahn, *Psicología social de las organizaciones*, Trillas, México, 1981.

Planty, E. y W. Machaver, "Upward Communications: A Project in Executive Development", en *Personnel*, núm. 28, pág. 4, 1952.

Read, W. H., "Upward Communication in Industrial Hierarchies", en *Human Relations*, núm. 15, pág. 1, 1962.

CAPÍTULO 4

Comunicación horizontal, informal y rumor

Alberto Martínez de Velasco
Abraham Nosnik • Victoria Vargas
Guillermo Savage

Ya hemos hablado en capítulos anteriores sobre algunos tipos de comunicación que se dan dentro de una organización. En el presente capítulo hablaremos de dos formas más en las que se da la comunicación.

En primer lugar, se hablará sobre la comunicación horizontal, para ver posteriormente la comunicación informal y el rumor.

El hecho de estudiar a la comunicación horizontal, informal y rumor en un mismo capítulo se debe a la consideración que han hecho algunos autores, entre ellos Katz y Kahn (1981), de que la comunicación horizontal suele ser vista como un tipo de comunicación informal más que formal. Dicho de otra manera, la comunicación horizontal se dará a través de redes de información personales y sociales, más que por autoridad oficial o formal, y su mayor importancia estriba en el impacto que esta información tiene en las personas como tales, más que por su posición formal o nivel jerárquico en la organización. Por lo mismo, la comunicación horizontal será más flexible e inestable (su control será más difícil).

Los líderes de las redes de comunicación horizontal en las organizaciones lo serán, entonces, no necesariamente por su puesto, sino por su conocimiento, competencia, libertad de movimiento y carisma o atractivo personal.

¿QUÉ ES LA COMUNICACIÓN HORIZONTAL?

Este tipo de comunicación se desarrolla entre personas de un mismo nivel jerárquico, en donde los individuos tienen la posibilidad de comunicarse directamente entre sí y, de hecho, está relacionada con la formación de grupos dentro de una organización de la siguiente manera:

Toda empresa o institución tiene ciertas actividades que realizar derivadas de las metas u objetivos que se ha propuesto lograr. Para cumplir con estas metas, se tienen que llevar a cabo tareas que se asignan a ciertos empleados para su ejecución. Esto implica que la mayoría de los empleados con esta responsabilidad son miembros de un grupo, que puede ser formal o informal. Por ejemplo, cuando un grupo de empleados que ocupan el mismo nivel jerárquico trabajan juntos para cumplir una tarea o proyecto particulares, deben tener un cierto grado de integración y coordinación entre ellos a través de la comunicación horizontal.

Este tipo de comunicación se da entonces:

a) Entre miembros del mismo grupo.
b) Entre miembros de distintos grupos.
c) Entre miembros de distintos departamentos.
d) Entre la línea y el *staff* (grupo de asesores especialistas).

Su propósito principal es proveer un canal de coordinación y solución de problemas (para evitar consultar a un superior común, con la lentitud que ello acarrearía) además de que brinda la alternativa de relacionarse con personas similares en la organización, lo que se hace muy importante para la satisfacción en el trabajo. Lo anterior nos lleva a ver que existen situaciones en las que es deseable fomentar la comunicación horizontal, entre las cuales tenemos las siguientes:

¿CUÁNDO FOMENTAR LA COMUNICACIÓN HORIZONTAL?

1. Cuando es necesaria la coordinación de un trabajo para el funcionamiento de la organización y/o el cumplimiento de las metas u objetivos propuestos.
2. Cuando es necesario brindar el apoyo social y emocional a los empleados de la organización. Esto se debe a que generalmente las presiones psicológicas siempre llevan a la gente a comunicarse con sus colegas.
3. Cuando es necesario un control real del poder de los altos líderes, ya que mientras más autoritaria y jerárquica sea la organización, más se considera a la información como un secreto de propiedad de grupos o personas selectas (Katz y Kahn, 1981).

¿CUÁLES SON LAS RAZONES POR LAS QUE SURGE LA COMUNICACIÓN HORIZONTAL?

1. Una razón muy importante está en el hecho de que distintos departamentos en las organizaciones tienen muchas veces que relacionarse mutuamente para sacar un trabajo en común. En otras palabras, existe entre ellos "interdependencia funcional" y, como se encuentran al mismo nivel estructural, su comunicación será horizontal. Cuando el gerente de un departamento se comunica con el encargado de promociones, capacitación, etc., para asesorarse con respecto a sus subalternos, se está comunicando horizontalmente. Cuando varios departamentos unen esfuerzos para un mismo proyecto, tratando de aprovechar al máximo la especialidad de cada uno, también utilizarán la comunicación horizontal para su coordinación.
2. Otra razón que hace surgir este tipo de comunicación es que los individuos se comunican de manera más abierta con sus iguales que con los superiores. La comunicación entre iguales (horizontal) está menos sujeta a distinción de estatus por-

que en ella las personas comparten un marco de referencia. Además, el contenido de los mensajes llevados por el flujo horizontal es principalmente de naturaleza coordinadora, en tanto que los flujos hacia arriba proporcionan retroalimentación sobre el desempeño operativo de los niveles bajos de la organización.

3. La tercera razón, ya esbozada, es que, por su misma naturaleza, la comunicación horizontal se mueve rápida y fácilmente, permitiendo que las decisiones sean más rápidas y compartidas por toda la organización.

¿CUÁLES SON LAS POSIBLES BARRERAS EN LA COMUNICACIÓN HORIZONTAL?

Una de las barreras que puede provocar problemas en la comunicación horizontal es la competencia desleal. Este concepto se refiere a la competencia que se da cuando una persona oculta información a otra de su mismo nivel, para que la actuación de esta última sea menos eficiente (Goldhaber, 1977).

La competencia desleal se puede dar, por ejemplo, cuando dos funcionarios son candidatos a un mismo puesto superior que ha quedado vacante y se plantea entre ellos un dilema de cooperación o competencia desleal. Muchas veces, el bloqueo de la información se da simplemente porque alguna de las personas quiere obtener más reconocimiento o quedar mejor con el superior.

Una segunda barrera puede ser la misma especialización de las personas, que puede causar una atmósfera competitiva. Por ejemplo, cuando esta situación se da, los gerentes se sienten estimulados a conseguir sus propios objetivos en vez de comunicarse con los otros ejecutivos de su mismo nivel para lograr alcanzar, de manera conjunta, las metas de la institución. En otras palabras, tratan de optimizar sus resultados personales sin ver qué efecto pueden causar en la organización como un todo, pues el comunicarse con sus iguales para coordinarse o asesorarse les hace perder "imagen" (*véase* cuadro 4.1).

Cuadro 4.1. Comunicación horizontal.

Funciones	Razones	Barreras
• Coordinación y solución de problemas.	• Interdependencia funcional.	• Competencia desleal.
• Apoyo social y emocional.	• Comunicación más abierta entre iguales.	• Ocultamiento y/o control excesivo de información.
• Control del poder autoritario.	• Flujo más rápido y fácil.	
• Ocupación de vacíos de comunicación formal.		• Especialización de las personas.

¿QUÉ ES LA COMUNICACIÓN INFORMAL?[1]

Una comunicación informal es:

• El intercambio de información que se establece entre las personas en una organización, independientemente de los puestos que ocupan en ella.
• Sin seguir canales ni procedimientos establecidos formalmente.
• Cuando toca elementos de trabajo, sin tener la legitimidad de las autoridades correspondientes en esa área.

Mientras que las comunicaciones formales están previstas y reguladas en las cartas y manuales de organización, las comunicaciones informales constituyen un conjunto de interrelaciones

[1] Antes de adentrarnos en esta parte del capítulo, es importante recordar que la comunicación organizacional se divide en dos grandes ámbitos: formal e informal y que, estrictamente hablando, la comunicación horizontal es uno de los tipos de comunicación formal (capítulo I). No obstante, podemos decir que la comunicación horizontal es como un "puente" entre los dos ámbitos, pues muchas veces se mueve en la parte informal de la organización. Por esta razón se pensó en presentar a la comunicación horizontal en el mismo capítulo de la informal, si bien es importante hacer la aclaración.

espontáneas basadas en preferencias, simpatías y rechazos de los empleados, independientemente del cargo que ocupan. En cierto sentido, la comunicación informal es un derecho humano por naturaleza, que siempre se da cuando las personas se congregan en grupos y hasta cierto punto denota interés en el trabajo puesto que, en caso de que éste no existiera, la comunicación informal también se vería mermada. En otras palabras, esta última idea quiere decir que la comunicación informal se genera entre otras cosas porque la gente se interesa en su trabajo.

Las organizaciones tienen que comprender la normalidad de la presencia espontánea de la comunicación informal y, por lo mismo, deben aceptar su existencia.

¿QUÉ PRECISIÓN TIENE LA COMUNICACIÓN INFORMAL?

Diversos estudios realizados demuestran que, en situaciones normales de trabajo, más de las tres cuartas partes de la comunicación informal son precisas: Davis (1983), 75%; Marting (1969), 85%; Walton (1961), 78%; Rudolph (1971), 80%. Normalmente se piensa que esta clase de datos es menos precisa de lo que en realidad es, sobre todo porque se magnifican los errores y se recuerdan más que los aciertos. Cuando un error aparece, esto puede aparentar falsedad en el resto de la información, sobre todo al tratarse de un rumor.

Un hecho más aceptado es el que la información difundida por las redes informales es, por lo general, incompleta, de tal modo que se malinterpreta en ocasiones, a pesar de que, como hemos visto, muchos de los detalles que contiene son exactos o cercanos a la realidad.

En resumen, podríamos decir que, a pesar de que la comunicación informal tiende a dar a conocer la verdad, rara vez lo hace de forma completa.

"Estas inexactitudes acumulativas de la comunicación informal significan que, en general, tienden a producir más malentendidos que lo que sugiere su pequeño porcentaje de información errónea" (Davis, 1983).

¿CUÁL ES LA DIFERENCIA ENTRE COMUNICACIÓN INFORMAL Y RUMOR?

La mayoría de las veces, cuando se habla de comunicación informal, las personas tienden a relacionarla con una de sus modalidades: el rumor, y por ello la consideran tan negativa. Realmente, la comunicación informal también puede trasmitir noticias y/o comentarios no dañinos a la organización e, incluso, benéficos y normales (*véase* cuadro 4.2).

Una de las causas del surgimiento de este tipo de comunicación es la necesidad de las personas por entrar en contacto tratando de establecer bases para una relación personal. De esta manera, muchas veces nos vemos conversando con personas de

Cuadro 4.2. Contenidos de la comunicación informal.

- *Noticias.* En éste, el renglón de la comunicación informal, se trasmiten anuncios de un suceso reciente que contiene fundamento, pero que no se ha confirmado por una fuente digna de crédito. Además, puede relacionarse con elementos de trabajo: "mi jefe me dijo que el aumento va a ser general" sin que haya salido la circular oficial, o con elementos sociales: "Rosi tuvo un niño", sin que ésta me lo haya dicho o yo lo haya visto.

- *Comentarios.* Es muy común que dentro de la comunicación informal los comentarios se den de una manera verbal. Estos comentarios podemos catalogarlos como interpretaciones de noticias, de informaciones o de textos. En ocasiones los comentarios sirven de preámbulo a la comunicación formal para establecer buenas bases o *rapport.* Otro uso importante de ellos es disminuir tensiones. Por ejemplo, en reuniones o juntas de trabajo los *coffee breaks* sirven para bajar las tensiones generadas al cambiar impresiones sobre diversos temas, por medio de la comunicación informal: "¿ya leíste el libro *El ejecutivo al minuto*?; creo que...", "¿viste lo que declaró el presidente esta mañana?; yo lo interpreto como...".

- *Rumores.* Esta es la parte general dañina de la comunicación informal, ya que por lo general es ambigua, carece de fundamentos y en su difusión las personas que los trasmiten filtran y seleccionan aquellos sucesos que mayor impacto les causan, distorsionando el sentido del mensaje original. Por ejemplo: "es un hecho que en el próximo periodo los aumentos mínimos serán de 40%".

diversos departamentos o equipos de trabajo de temas, como el clima, las películas que hemos visto o el último acontecimiento deportivo o social en que participamos, sin que esto afecte negativamente al trabajo. Realmente lo que estamos tratando de hacer es, usando la comunicación informal como vehículo, sentar bases para una relación futura y dejar la puerta abierta para poder usarla en caso necesario.

¿CUÁLES SON ALGUNAS DE LAS CAUSAS QUE HACEN SURGIR LA COMUNICACIÓN INFORMAL?

Esta forma de comunicación es más un producto de la situación que de las personas involucradas.

Esto significa que dadas la situación y la motivación apropiadas, cualquiera de nosotros tenderá a participar activamente en una red de comunicación informal (Davis, 1983). Las causas más comunes que inducen a esta participación son:

Nerviosismo e inseguridad

Cuando se percibe inseguridad en la situación prevaleciente, las personas tienden a aumentar su comunicación informal en un esfuerzo por crear cohesividad y protegerse entre sí contra lo desconocido. Por ejemplo, renuncias, despidos, cambios de métodos o procedimientos de trabajo, innovaciones, etcétera.

Falta de información

Cuando se carece de información sobre una situación dada, las personas tratan de llenar los vacíos lo mejor que pueden, recurriendo a la información que se halla en los canales informales: "¿Qué sabes tú de la renuncia de x?"; "¿Qué has oído de nuestro cambio al centro?".

Interés personal o emocional en una situación

Cuando los individuos tienen un interés especial en una situación y no se les informa acerca de ella, encontrarán lagunas para realizar sus propias inferencias. La gente llena estos huecos de información con sus propias percepciones: creo que el jefe no nos reúne porque todavía no se define la situación de la división, la división va a desaparecer, el jefe se va a otra área, etcétera.

Informaciones recientes

Los individuos participan más activamente en los rumores cuando reciben noticias, es decir, información nueva y desean diseminar estas noticias tan rápidamente como les sea posible: "El nombrado como nuevo director fue x"; "acaba de renunciar y".

Necesidad de entrar en contacto

Generalmente la comunicación informal se trasmite de boca en boca y por observación . Como resultado, es común encontrar que los miembros de los grupos informales entran en contacto durante su rutina cotidiana de trabajo. "¿A qué hora saliste ayer?"; "¿cómo te fue en tu presentación?".

Ciertos trabajos dan a los empleados más oportunidades de acceso a comunicación y noticias que vale la pena comunicar. El resultado es que estos empleados son más activos dentro de la red de rumores, no debido a su personalidad, sino al tipo de trabajo que desempeñan dentro de la organización. Sus empleos les dan una base para convertirse en individuos clave dentro de la red de comunicación informal.

Ejemplos clásicos de este tipo de puestos son los de secretaria, aquellos allegados a personal de primeros niveles o más cercanos al lugar de toma de decisiones. También la gente que por su personalidad es más dada a hablar o comunicarse que la mayoría.[2]

---

[2] Las cuatro primeras causas que mencionamos están adaptadas de Hodgetts y Altman, 1981.

¿CUÁLES SON LAS PRINCIPALES CARACTERÍSTICAS DE LA COMUNICACIÓN INFORMAL?

Si bien en la mayoría de las ocasiones se tiende a maximizar los puntos negativos de este tipo de comunicación, la comunicación informal también puede proporcionar a los gerentes mucha retroalimentación con respecto al desempeño de sus empleados, ayudando a comprenderlos mejor, o bien a traducir las órdenes formales de la gerencia al lenguaje de los empleados.

En algunos casos, la comunicación informal puede contener información que el sistema formal no desea difundir y que intencionalmente no menciona, pero que de alguna manera quisiera que se sepa: "ahora no es el momento para pedir aumentos o nuevo horario". Otra característica de la comunicación informal es la rapidez con que se difunde. Puesto que es flexible y personal, la información de tipo informal fluye con mayor rapidez que la información que viaja a través de la mayor parte de los sistemas formales de comunicación, sobre todo ahora que se tienen a la mano infinidad de nuevas tecnologías como mails, chats o blogs. Su velocidad hace que sea difícil que la gerencia detenga rumores indeseables o proporcione alguna información que aclare o vaya en contra de un rumor.

Otra característica de la comunicación informal es su capacidad poco usual de filtrarse incluso por las redes de información más cerradas de una compañía, debido a que corta las líneas organizacionales y afecta a las personas que están directamente involucradas en el asunto. La comunicación informal es una fuente muy popular de información confidencial (Davis, 1983).

Diversos estudios demuestran que la comunicación informal tiene gran influencia tanto favorable como desfavorable; logra tantas cosas positivas como negativas que, realmente, llega a ser muy difícil determinar hasta qué punto sus efectos netos en la organización son benéficos o perjudiciales (Newstron, Monczka y Reif, 1974) (*véase* cuadro 4.3).

Cuadro 4.3. Causas y características de la comunicación informal.

Causas	Características
• Nerviosismo e inseguridad.	• Brinda retroalimentación sobre el desempeño.
• Falta de información.	• Traduce las órdenes formales a un lenguaje más accesible.
• Asuntos relacionados con amigos y colegas.	• Hace saber extraoficialmente mensajes de relevancia.
• Informaciones recientes	• Es más rápida y flexible.
• Procedimientos para contacto interpersonal.	• Es incompleta, lo que puede traer consigo malentendidos.

RESPUESTA DE LA GERENCIA A LA COMUNICACIÓN INFORMAL

Debido a la necesidad de aceptar la existencia de este tipo de comunicación, los gerentes tienen que aprender a aprovechar las redes de comunicación informal: necesitan saber quiénes son sus líderes, cómo operan y qué clase de información difunden. Estos conocimientos pueden ayudarlos en los momentos en que se desea influir en estas redes, tratando de evitar sus puntos negativos. Por ello los gerentes deben esforzarse por mantener bien informado al personal, de manera que se reduzca la necesidad de difundir información no formal con los consecuentes efectos de ansiedad, inseguridad o angustia. Otra manera de influir en el proceso será el difundir información útil, para lo cual se hace necesario que revisemos qué tan buenos y completos son nuestros canales formales de información a los ojos del personal (evaluación de medios, formas y contenidos de la comunicación formal) (*véase* cuadro 4.4).

¿QUÉ ES EL RUMOR?

Es la parte de la comunicación informal que se da sólo con aquellos comunicados sin fundamento o evidencia formal y que

> **Cuadro 4.4.** Cómo debe reaccionar la gerencia ante la comunicación informal.
>
> *a)* Si se quiere evitar, habrá que difundir información oficial de manera completa, clara y oportuna.
> *b)* Si se quiere aprovechar, se debe estar al tanto de lo que ella difunde para:
>
> • Saber qué está inquietando al personal.
> • Conocer los "vacíos" de información.
>
> En ambos casos, la existencia de la comunicación informal puede servir para obligar a mejorar la comunicación formal de la organización.

se trasmite impersonalmente a través de los canales informales, es decir, sin ir dirigida a personas específicas ni siguiendo canales específicos.

¿CUÁLES SON LAS CAUSAS PRINCIPALES QUE HACEN SURGIR EL RUMOR?

Éstas son:

a) El interés que se tiene por una situación.
b) La ambigüedad, lo incierto y/o lo confuso.
c) La falta de información alrededor de la situación.

Una de las condiciones que originan y divulgan el rumor es conocer un acontecimiento de importancia general o sospechar su existencia, pero que oficialmente se quiere manejar como si no existiera, o bien, no se da todavía información oficial. Por ejemplo: si se están dando cambios en los primeros niveles de una organización con sus consiguientes efectos en el personal de los niveles inferiores (nuevo estilo de administración, nuevos objetivos, nuevos métodos, nuevo equipo de trabajo, etc.), a falta de información certera y por la ambigüedad que trae consigo esta situación, se empezarán a correr rumores acerca de los elegidos tratando de dar fundamento, en realidad falso, a esta información: "estoy seguro de que es Juan", "algunos amigos míos, allegados directamente a Ricardo, me aseguraron que el nombrado será Gustavo"; "es un hecho que en el próximo periodo los aumentos mínimos serán de 40 %".

Los ejemplos anteriores nos hablan de otra característica muy importante del rumor, que es resultado del manejo que le dan diferentes personas y del efecto que causa en ellas. A medida que se trasmite un rumor, si bien conserva el tema central, cada persona lo filtra seleccionando de él aquello que satisface de alguna manera sus propias necesidades y expectativas, añadiendo nuevos elementos.

¿CÓMO PUEDE CONTROLARSE EL RUMOR?

Por las características descritas anteriormente, el rumor se dispersa rápidamente y llega a cubrir de hecho a toda la organización, pudiendo traer consigo consecuencias negativas. Por lo mismo, es imperativo tratar de determinar algunas de las formas principales en que el rumor puede ser controlado, especificando qué se debe atacar y cómo hacerlo. A continuación se describen algunas de estas "estrategias de ataque" que deberán llevarse a la práctica sólo en los casos en que la circulación de un rumor sea dañina, paralizando a la gente e impactando negativamente la productividad (la mayoría de los rumores no lo son y desaparecen con rapidez, por lo que tratar de controlarlos todos sería imposible y poco efectivo).

Reducción de las causas del rumor

La mejor manera de controlar los rumores es ir al fondo de las causas en lugar de tratar de detenerlos una vez que han comenzado a difundirse. Llegar a la raíz constituye un uso sabio del sistema preventivo, en lugar del método correctivo tardío. Cuando las personas se sienten razonablemente seguras entienden las cosas que les importan y se sienten parte del equipo de trabajo

(Davis, 1983). Por lo mismo no existen muchas causas para iniciar rumores cuando hay poca ambigüedad en una situación. Sin embargo, cuando las personas tienen problemas emocionales o no tienen la información adecuada sobre su ambiente, hay riesgo de que surjan los rumores. Esta es una reacción normal que trata de hacer que su situación tenga mayor sentido y seguridad.

Manejo de hechos

Una vez que el rumor ha comenzado a propagarse, la mejor solución es dar a conocer los hechos reales por una fuente digna de crédito, ya que con esto se elimina la ambigüedad que cada individuo pudiera tener. La comunicación directa de los hechos es la más eficiente siempre que no se mencione el rumor, porque si éste se repite, alguien le prestará atención en lugar de escuchar su refutación.

Mejorar otras formas de comunicación

Una forma de minimizar los aspectos negativos que causa el rumor es mejorar otras formas de comunicación formal (memorandos, circulares, revistas internas, etc). Si existe información sobre aspectos importantes para los subordinados y si ésta llega clara y oportunamente por vías oficiales, será menos probable que se originen rumores malsanos (Gibson, Ivancevich y Donnelly, 1984).

Atención a rumores

Sea cual fuere la importancia de un rumor, se le debe escuchar con cuidado porque, aun cuando sea falso, generalmente porta un mensaje sobre los sentimientos del empleado. Cada gerente debe preguntarse: "¿Por qué se originó ese rumor?" "¿Qué significa?"; de esta manera podrá tener un conocimiento más profundo con respecto al lugar donde se generan las ambigüedades y cuáles son los intereses de los empleados. Parece poco realista prestar atención a rumores falsos pero puede ser útil escucharlos (*véase* cuadro 4.5).

Cuadro 4.5. Cómo disminuir las causas del rumor.

• Reducir la ambigüedad.
• Dar a conocer los hechos reales de un modo directo.
• Comunicar los hechos por una fuente digna de crédito.
• Mejorar otras formas de comunicación.
• Manejar la información adecuadamente.

¿CÓMO INFLUIR EN LAS ESTRUCTURAS INFORMALES DE LA ORGANIZACIÓN?

Las estructuras informales no son creación de la gerencia y, por lo mismo, ésta no puede hacerlas desaparecer ni tampoco le convendría hacerlo. Lo que sí resulta conveniente es aprender a vivir con ellas y tener, en alguna medida, influencia sobre ellas. El trabajo de la gerencia en este sentido se podría resumir en los siguientes puntos:

• Aceptar y entender la organización informal.
• Tomar en consideración los efectos posibles en los sistemas informales cuando se emprende una acción.
• Integrar, tanto como sea posible, los intereses de los grupos informales con los de la organización formal.
• Evitar que las actividades informales amenacen indebidamente a la organización en general.

La combinación más deseable en organizaciones formales e informales parece ser un sistema formal predominante para conservar la unidad hacia los objetivos, junto con un sistema informal bien elaborado para motivar la formación de equipos cohesivos e impulsar el trabajo en equipo. En otras palabras, la estructura informal debe ser lo suficientemente fuerte como para apoyar, pero no dominar, a la organización (Davis, 1983).

CONCLUSIONES

1. La comunicación horizontal ocurre cuando el emisor y el receptor están al mismo nivel en la organización, y puede ser: entre miembros del mismo grupo, entre distintos grupos o departamentos y entre la línea y el staff.
2. Este tipo de comunicación debe fomentarse cuando es necesaria la coordinación de un trabajo; para dar apoyo social y emocional a los empleados y para control del poder.
3. La comunicación informal es el intercambio de información que se establece entre las personas en una organización sin seguir los canales formales de comunicación.
4. Las causas de la comunicación informal suelen ser: interés por la información, inseguridad, falta de información o ambigüedad, asuntos relacionados con amigos y asociados, e información reciente.
5. El rumor es un mensaje no confirmado por un emisor formal de la organización y se difunde por medio de canales interpersonales.
6. La gerencia debe aceptar y tratar de entender la comunicación informal y el rumor para poder controlarlos o influir sobre ellos en momentos críticos.
7. Las maneras principales de controlar o tratar de influir en el rumor son: ir al fondo de sus causas, manejar los hechos, saber escuchar, atender a lo que los rumores difunden y evaluar y manejar correctamente los canales y medios de comunicación formal.

BIBLIOGRAFÍA

Davis, K., *El comportamiento humano en el trabajo*, McGraw-Hill, México, 1983.
Gibson, J. L., J. M. Ivancevich y J. H. Donnelly, *Organizaciones: conducta, estructura y proceso*, Nueva Editorial Interamericana, México, 1984.
Goldhaber, G. M., *Comunicación organizacional*, Logos Consorcio Editorial, México, 1977.
Hodgetts, R. M. y S. Altman, *Comportamiento en las organizaciones*, Nueva Editorial Interamericana, México, 1981.

Katz, D. y R. Kahn, *Psicología social de las organizaciones*, Trillas, México, 1981.

Marting, B., *A Study of Grapevine Communication Patterns in a Manufacturing Organization*, disertación doctoral, Arizona State University, 1969.

Newstron, J. W., R. E. Monczka, y W. E. Reif, "Perceptions of the Grapevine: Its Value and Influence", *Journal of Business Communication*, 1974.

Rudolph, E., *A Study of Informal Communication Patterns, within a MultiShift Public Utility Organization Unit*, disertación doctoral, University of Denver, 1971.

Walton, E., "How Efficient is the Grapevine?", *Personnel*, núm. 28, 1961.

CAPÍTULO 5
Comunicación, motivación y productividad
Abraham Nosnik

ANTECEDENTES

A partir de la publicación de *La psicología social de las organizaciones* (Katz y Kahn, 1966) en la década de 1960, el área de estudio de las organizaciones se ha visto influida por la experiencia de los psicólogos sociales.

Lo anterior no quiere decir que antes de la década de 1960 la investigación psicosocial en las organizaciones fuera nula o casi inexistente. Tanto los estudios de Mayo en la compañía Hawthorne realizados en los años treinta, como algunas aplicaciones de conceptos lewinianos a problemas de productividad en una fábrica textil en los años cuarenta, son instancias –por cierto muy conocidas y consideradas ya como "clásicas"– de soluciones a problemas organizacionales desde la psicología social.

Sin embargo, fue a partir de la publicación de trabajos, como el de Katz y Kahn (1966), cuando los psicólogos sociales se esforzaron por aplicar sus conocimientos teóricos y metodológicos a la situación organizacional y, por otro lado, que los estudiosos tradicionales de las organizaciones (en su mayoría sociólogos, psicólogos y administradores profesionales) dieron oportunidad a los investigadores del fenómeno psicosocial de compartir con ellos esta área de estudio.

Los expertos en organizaciones gustan de destacar dos ámbitos alrededor de los cuales se desarrolla la vida de aquéllas: estructura y funciones.

El estudio estructural de las organizaciones incluye desde los aspectos físicos donde las personas trabajan (la "ecología" de la situación laboral) hasta los nexos formales que la propia institución ha establecido entre las personas que participan en ella, es decir, el análisis del organigrama de dicha institución.

El estudio funcional de las organizaciones destaca su aspecto humano; este ámbito de la investigación en organizaciones define y evalúa la conducta de los integrantes de una organización en tanto tiene que ver con: 1. situaciones en las que se interactúa o participa con otros integrantes de la organización, y 2. la influencia que la conducta, actitudes y opiniones de unos tienen sobre la conducta, actitudes y opiniones de los otros, y viceversa. Es decir, este último aspecto del estudio de las organizaciones considera la influencia que los miembros de una organización tienen unos sobre otros y reciben unos de otros. Por tanto, el aspecto funcional destaca la interacción humana que hace "funcionar" a la organización como tal.

Precisamente desde la óptica funcional vamos a abordar el tema de este capítulo. Por tanto, vamos a destacar los aspectos característicos de la comunicación, la motivación y la productividad tratando de atender, sobre todo, a las relaciones que existen entre estas tres. Sin embargo, y sólo como referencia, no podemos negar que la comunicación, la motivación y la productividad son susceptibles de un análisis estructural. Es más, particularmente la comunicación se ha identificado como factor importante de la estructura organizacional cuando se estudian los flujos de información y los procesos de toma de decisiones que existen en cualquier institución (*véanse* los capítulos 2, 3 y 4, correspondientes a comunicación descendente, ascendente, horizontal e informal).

LA COMUNICACIÓN, LA MOTIVACIÓN Y LA PRODUCTIVIDAD COMO PROCESOS EN LA ORGANIZACIÓN

Si bien es cierto que la comunicación, la motivación y la productividad son parte de la interacción psicosocial en las organizaciones, también es cierto que, en tanto fenómenos humanos, son algo distintos entre sí. Veamos.

¿Qué es un proceso?

En primer lugar, habría que hablar un poco sobre la naturaleza procesal de estos tres fenómenos. Desde luego tenemos que señalar qué se entiende por "proceso". Según Katz, Doria y Costa Lima (1980), proceso se refiere "...a todo sistema cuya principal característica es el 'constante cambio', o sea, la dependencia de sus estados en relación con el tiempo" (pág. 397).

De la definición anterior debemos destacar los siguientes aspectos de los procesos:

a) *Complejidad*. Los procesos están constituidos por diferentes unidades o partes. Existen procesos que presentan más partes que otras, por lo que, desde el punto de vista de su constitución, hay procesos más complejos que otros.

b) *Dinamismo*. Otra característica de los procesos es su disposición al cambio. Generalmente cuando se habla de procesos, se habla de cambio, de dinamismo.

c) *Variedad de estados*. Los procesos, por ser complejos y dinámicos, se manifiestan de diferentes maneras. Es decir, en los procesos podemos advertir diferentes estados. Los estados de un proceso tienen que ver con sus aspectos funcionales, es decir, con las diferentes relaciones que se dan entre sus partes. Por ejemplo, el que una fuente mande un mensaje al receptor y éste a su vez le trasmita una respuesta a la fuente son dos estados del proceso de comunicación.

d) *Tiempo*. El estudio de los procesos por todas sus características demanda un análisis temporal. Sobre todo las características de los incisos b y c no tienen sentido, no pueden existir sin la consideración del tiempo. De hecho, el dinamismo y la variedad de los estados que exhibe un proceso constituyen su análisis en diferentes "tiempos" o momentos."

Si se examina de cerca la definición de proceso expuesta al empezar esta sección, se pueden distinguir los dos aspectos que mencionamos como partes esenciales del estudio de las organizaciones: estructura y funciones. La complejidad de los procesos se refiere –en nuestra interpretación de Katz, Doria y Costa Lima (1980)– a su aspecto estructural, y el dinamismo y la variedad de estados son aspectos funcionales. Por tanto, los procesos que se suceden en las organizaciones pueden estudiarse tanto estructural como funcionalmente, al igual que las propias organizaciones.

¿Qué tipo de procesos son la comunicación, la motivación y la productividad?

Una manera de distinguir entre sí a la comunicación, la motivación y la productividad es destacar el tipo de proceso al cual se refieren.

La comunicación, en tanto proceso organizacional, es más social que individual. Es decir, la importancia de la comunicación como proceso organizacional se da porque involucra a un número determinado de personas en diferentes ámbitos de la organización. Esto no quiere decir que los procesos comunicativos a nivel personal no sean importantes. Lo que aquí queremos hacer notar es que, desde el punto de vista de la organización, la comunicación es un proceso importante en su dimensión social (grupal) más que en su aspecto personal, individual.

Por otro lado, la importancia de los procesos motivacionales y productivos en la organización radica primordial aunque no exclusivamente en su dimensión personal. El caso de estos dos últimos procesos es el inverso al de la comunicación, mencionado anteriormente. Tener personas que a nivel individual mantengan una alta motivación y productividad en el trabajo es la justificación y principal razón de la asignación de recursos económicos y técnicos para su estudio dentro de la organización. Lo anterior no quiere decir que los aspectos sociales de la motivación y la productividad carezcan de importancia en la vida de las organizaciones.

Resumiendo podemos decir que: en el estudio de la comunicación, la motivación y la productividad como procesos dentro de la organización se destaca la naturaleza social (léase grupal) de la primera, y personal o individual de las últimas dos (*véase* figura 5.1 en relación con el proceso de motivación).

Algunas ideas acerca de la motivación

El término motivación viene del latín *motum*, variación de *movere*, que significa mover. Motivación expresa, pues, la idea de dinamismo, de cambio. Decimos que una persona está motivada cuando quiere cambiar su estado actual por otro.

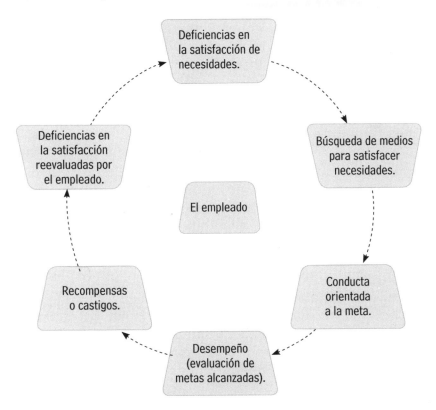

Figura 5.1. Modelo inicial del proceso motivacional (tomado de Gibson *et al.*, 1984, pág. 102).

Por ejemplo, una persona motivada hacia el aprendizaje quiere cambiar su nivel actual de conocimiento por otro que le permita saber más cosas acerca del tema que está aprendiendo.

No es raro que en nuestro trabajo cotidiano estemos más motivados hacia ciertas actividades que hacia otras. Algunos autores explican esta diferencia de motivación en términos de necesidades y satisfactores (*véase* Cohen, 1973; Nosnik, 1980).

Las necesidades se refieren a las carencias que como seres humanos sentimos. Por ejemplo: ¿Cuántas veces no nos ha pasado que tenemos una semana muy difícil en el trabajo, llega el fin de semana y lo único que queremos hacer es no pensar en nuestro trabajo y distraernos en otras actividades? Es decir, por lo difícil que fue la semana de trabajo estamos *motivados* a distraernos, a realizar algún deporte, a salir de la ciudad o a asistir al cine o al teatro. Esto también podemos expresarlo en términos de necesidades y satisfactores. Veamos.

Mencionamos anteriormente que las necesidades se refieren a "carencias". En una semana intensa de trabajo carecemos de oportunidad de distraernos, ya sea haciendo ejercicio o yendo a algún espectáculo, como el cine o el teatro. Al no equilibrar nuestro trabajo con otras actividades, la falta de estas últimas aumenta nuestra motivación para que durante el fin de semana busquemos realizarlas. Es decir, el fin de semana buscamos satisfacer nuestras necesidades de deporte y entretenimiento.

Por tanto, podemos concluir que la motivación se refiere a la búsqueda de satisfactores para nuestras necesidades. Como se puede suponer, a diario se inician y terminan en nosotros varios procesos motivacionales. Piense tan sólo en las diferentes necesidades que hoy ha sentido desde que se levantó hasta el momento de leer el presente capítulo y en la manera en que las ha satisfecho. Al terminar este pequeño ejercicio se dará cuenta de que son muchas y muy diversas las necesidades que tenemos y la manera en que resolvemos dichas carencias.

Las explicaciones motivacionales son, en su mayoría, teleológicas. Esto quiere decir que destacan que la motivación de una persona por desarrollar cualquier actividad tiene como fin lograr una meta o un objetivo.

Es importante mencionar que una actividad puede satisfacer varias necesidades, es decir, dicha actividad puede realizarse para lograr varias metas. Pensemos por un momento por qué trabajamos. Nuestro empleo satisface varias necesidades a la vez: sustento, logro, reconocimiento, de relación y afecto, etc. El trabajar nos provee de dinero para pagar la renta, la comida y todos aquellos bienes y servicios que requerimos para subsistir físicamente. El trabajo también nos ofrece la oportunidad de lograr méritos, los cuales, a su vez, nos llevan a ser reconocidos por los demás. Aunque no estemos conscientes de ello, el trabajo también satisface nuestras necesidades de relación con los demás y nos permite llegar a ganar su afecto. Por último, ¿quién de nosotros no aspira a estar muy contento en su trabajo? Es decir, que el trabajo es en sí mismo una satisfacción. Cuando alcanzamos este nivel de motivación decimos que hemos llegado a "autorrealizarnos" en nuestro trabajo. Este nivel de satisfacción a través de nuestro desempeño es el más alto que podemos alcanzar. Piense por un momento: ¿Qué más puede pedir alguien de su trabajo que éste sea en sí mismo algo que le reporta una gran satisfacción? (*véase* cuadro 5.1).

En el estudio de la motivación también se da el caso de que varias actividades van encaminadas al logro de una sola meta. Podemos poner el ejemplo de cualquier institución comercial, industrial o de servicios. Los bancos, por ejemplo, tienen como finalidad "la intermediación financiera". Esto quiere decir que les interesa recibir dinero de unas personas y colocarlo en actividades productivas, al tiempo que se les da una ganancia a aquellos que les han confiado su dinero. Todo ello se quiere hacer con la máxima eficiencia posible.

Para llegar a su meta de intermediación financiera eficiente, los bancos orientan y coordinan la actividad de miles de personas. Desde el empleado con menor tiempo hasta aquel con mayor antigüedad, desde la persona con menos rango hasta el director general, todos, absolutamente todos, encaminan sus actividades para que se tenga un banco eficiente. Esto, que puede sonar un poco exagerado, no lo es en realidad. Piense tan sólo en un día en que las personas que están a cargo de las distintas áreas de las sucursales no cumplan con los objetivos que se les han asignado.

Ahora trate de imaginar que esta situación se repite en la mayoría de las sucursales que componen un banco... Por eso es sano insistir en ver a las instituciones como una red de actividades que se encaminan a un fin común: la eficiencia.

Cuadro 5.1. Tipología de las necesidades para el estudio de la motivación en el trabajo (tomado de V. Vargas, 1984, pág. 38).

Necesidades humanas	*Necesidades de trabajo*
a) Necesidades fisiológicas	
Naturaleza biológica: sed, alimentación, oxígeno, descanso, reproducción, etcétera.	Dieta apropiada, regímenes de trabajo y descanso apropiados, ambiente físico agradable, suficiente luz, etcétera.
b) Necesidades de seguridad	
Estabilidad, orden, protección contra peligros, enfermedades, de angustia y tensión.	Seguro de trabajo, salario, seguridad social, vivienda, fondo de ahorro, etcétera.
c) Necesidades de pertenencia	
Asociación, relaciones armoniosas, aceptación, etcétera.	Espíritu de grupo, sindicatos, conmemoraciones, información, educación.
d) Necesidades de estima.	
Reconocimiento, prestigio, valoración positiva de sí mismo, etcétera.	Responsabilidad, estímulos materiales y morales, promoción, etcétera.
e) Necesidades de autorrealización	
Expresión y desarrollo de capacidades, estimación del yo, etcétera.	Reto en el trabajo, creatividad, capacitación, logros personales, interés en el trabajo, etcétera.

¿Cómo se relaciona la productividad con lo dicho hasta ahora?

Así como dijimos anteriormente que las explicaciones sobre motivación se caracterizan por incorporar metas y objetivos que se van a alcanzar por los individuos a través de su conducta, la *productividad* es, de hecho, la eficiencia con que tales individuos alcanzaron sus metas y objetivos.

Está claro, pues, que para estudiar la productividad de los individuos se deben tomar en cuenta las metas de la organización donde trabajan. Para Etzioni (1964) una meta organizacional es una situación deseada que la organización intenta alcanzar. Las metas pueden ser tanto individuales como grupales e incluso organizacionales. Estas últimas son el resultado de la interacción de los miembros de la organización entre sí.

La productividad depende de procesos intra y extraorganizacionales para alcanzarse. Esto quiere decir que existen factores, dentro y fuera de las organizaciones, con los cuales su elemento humano llegará a realizar de manera eficiente lo que se propone realizar (*véase* figura 5.2).

¿Cuáles son los ámbitos de la productividad organizacional?

Dentro de los procesos intraorganizacionales de productividad encontramos dos ámbitos: el individual y el grupal o social.

Los *procesos individuales* que influyen en la productividad son, entre otros: la habilidad y la motivación de los individuos. Los *procesos sociales* son impuestos por la organización y representan las expectativas de comportamiento que aquella tiene frente a las personas que la forman. Estas expectativas de trabajo se manifiestan a través de: roles, metas, normas, valores y una infraestructura técnica para alcanzar las metas u objetivos de la organización.

Los *factores extraorganizacionales* se refieren al ambiente externo que rodea a la organización. Aquí se destaca la dependencia que una organización tiene con otras organizaciones y el resto de su medio para alcanzar sus objetivos. Piense, por ejem-

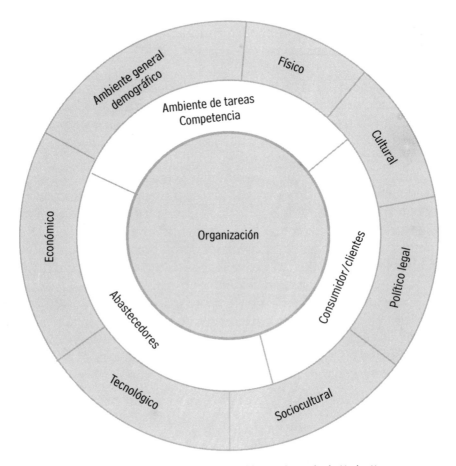

Figura 5.2. La organización y sus ambientes (tomado de Hodgetts y Altman, 1981, pág. 256).

plo, en la relación que la industria automotriz tiene con sus proveedores, con dependencias del sector público y otras empresas del sector privado.

¿Por qué medir la productividad organizacional?

Por último, Porter, Lawler y Hackman (1975) nos dan siete razones por las cuales debemos evaluar la eficiencia con que las personas se desempeñan en una organización.

1. Para obtener mediciones de las conductas y resultados involucrados en los procesos organizacionales.
2. Para obtener mediciones objetivas de dichas conductas.
3. Para establecer metas y estándares de conductas futuras.
4. Para establecer medidas que puedan estar influidas por la conducta de los individuos.
5. Para evaluaciones periódicas de los individuos.
6. Para incorporar a la gente en sus propias evaluaciones.
7. Porque el sistema de evaluación de la productividad interactúa de manera efectiva con el sistema de recompensas.

¿Cómo se relacionan la comunicación, la motivación y la productividad?

La presente publicación, entre tanto manual de comunicación organizacional, busca destacar y sugerir a sus lectores el papel de la comunicación como apoyo de otros procesos psicosociales encaminados a hacer funcionar de manera eficiente a la organización.

Es menester en este capítulo señalar cómo se relaciona la comunicación con la motivación y productividad organizacionales. Quizá la relación más obvia e inmediata entre estos procesos es aquella que señala la responsabilidad e interés de los estratos altos de la organización por motivar a sus estratos bajos a través de técnicas comunicativas y así lograr mayor productividad. Sin embargo, creemos que la relación entre comunicación, motivación y productividad requiere un análisis más cuidadoso.

Comunicación es una palabra de origen latino (*communicare*), que quiere decir compartir o hacer común. Cuando nosotros nos comunicamos con alguien nos esforzamos en compartir, en hacer común aquello que queremos comunicarle a ese alguien. Valga de ejemplo el presente manual. Un grupo de personas nos hemos reunido y decidido que es importante comunicar nuestras ideas acerca del papel y las prácticas de la comunicación en una organización a otro grupo de individuos que se desempeñan en diferentes ámbitos de esta organización. Para ello hemos decidido lo que queremos comunicar y la mejor manera de hacerlo. Es decir, queremos compartir con el lector una serie de ideas a través de cierto formato. El hacer común algo (por ejemplo, una idea, un sentimiento) requiere de un contenido y una instancia para hacerlo.

Al principio de este capítulo, aclaramos que la comunicación, la motivación y la productividad son procesos organizacionales. Hemos dicho también que el carácter procesal de éstas se refiere a su dinamismo, a su constante cambio.

Por otro lado, hemos destacado que los procesos arriba mencionados pueden ser individuales y sociales. También, relacionamos a la motivación con un proceso del individuo frente a la organización y tratamos a la productividad como un medio que tiene la organización para evaluar la eficiencia de su recurso humano. Es precisamente *aquí* donde la comunicación tiene su mayor importancia. Veamos.

Como se puede observar en la figura 5.3, los procesos motivacionales y productivos se han ilustrado como dos círculos. Estos círculos corresponden, pues, a la realidad del individuo frente

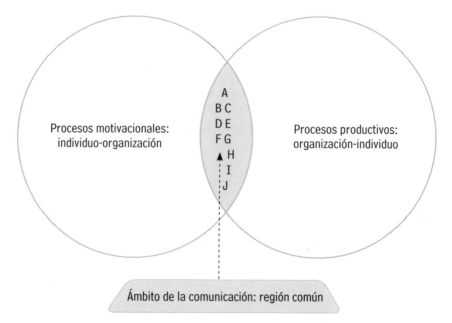

Figura 5.3. La comunicación como ámbito de relación entre los procesos motivacionales y productivos de una organización.

a la organización (círculo de la izquierda) y a la realidad de la organización frente al individuo (círculo de la derecha). Es decir, los individuos pueden estar *motivados* o no en su trabajo dentro de la organización, y por su parte, la organización puede juzgar a un individuo como *productivo* o *improductivo*.

La comunicación, tal y como se observa en el diagrama de la figura 5.3 es el ámbito donde ambas realidades, la individual y la organizacional, se enfrentan. Precisamente esta región es donde los acuerdos y los conflictos surgen entre individuos y organización. Aclaremos.

¿Qué papel desempeña la comunicación en la motivación y la productividad organizacionales?

Desde el punto de vista del individuo, la organización debe proveerle una situación laboral que lo mantenga satisfecho. En cuanto a la organización, el individuo debe desempeñar conductas que logren ciertas metas y objetivos establecidos por ella.

La comunicación no es otra cosa más que compartir, hacer comunes los ámbitos de motivación y productividad en la organización. Es la región donde se da el esfuerzo por aclarar, afinar y empatar las expectativas de los individuos (de cualquier nivel jerárquico) con las demandas de la organización.

Es de vital importancia que la comunicación, tal y como la hemos explicado aquí, se vea lo más crítica y realmente posible. Es decir, no por el hecho de que sea el ámbito de la comunicación la región donde se enfrenta el mundo individual y el organizacional, este enfrentamiento es siempre exitoso. En este sentido muchas veces se ha dado a la comunicación un significado casi mágico de "solucionadora de problemas" que no tiene, ni le corresponde.

Lo que queremos resaltar con todo esto es que la comunicación, el puente que se tiende entre individuos y su organización, no siempre resulta en un acuerdo entre ambas partes. Arriba mencionamos que la comunicación representa la "región del esfuerzo" para hacer comunes las perspectivas individual y organizacional. Este esfuerzo no necesariamente se ve recompensado siempre por el entendimiento y el acuerdo de ambas partes. Es más, en algunos ámbitos organizacionales no existe ni siquiera tal esfuerzo por hacer comunes los procesos motivacionales y productivos.

Ahora trataremos de ilustrar nuestro modelo motivación– comunicación– productividad con casos particulares.

En primer lugar, trate de ubicarse dentro del círculo de la izquierda (fig. 5.3). Está usted dentro del ámbito de los procesos motivacionales, es decir, la región desde donde cada individuo ve a la organización. Piense ahora en su propio caso. ¿Qué necesidades viene a satisfacer usted en esta organización? Recuerde que en este capítulo hemos hablado de las necesidades como carencias. Entonces, ¿qué carencias personales viene usted a llenar a esta organización? Reflexione. Haga una lista. Muy probablemente su lista incluirá necesidades muy similares a las que mencionamos en la sección "Algunas ideas acerca de la motivación", por ejemplo: sustento, logro, relación, efecto, etcétera.

Por ahora dejemos el círculo de la izquierda e introduzcámonos en el de la derecha (fig. 5.3). Estamos ya en el ámbito de los procesos productivos. Esta es la región desde donde la organización ve al individuo, es decir, donde los supervisores ven a sus subordinados. Excepto el último nivel jerárquico de cualquier empresa, todos los demás puestos tienen alguien a quien dirigir. Las personas que ocupan niveles altos representan a la organización frente a aquellas de niveles más bajos.

En resumen, la evaluación de la productividad que exige la organización de los individuos es llevada a cabo, por lo regular, por los jefes con respecto a sus empleados.

Cada puesto en la organización tiene la descripción de sus funciones. La evaluación de la productividad se da contrastando la descripción de las funciones de cada puesto con el desempeño de la persona que lo ocupa. Una persona productiva es, pues, aquella que desempeña de manera eficaz y eficiente las funciones que su puesto especifica. Una persona no productiva, por el contrario, no satisface las expectativas que la organización tiene con respecto a su trabajo.

Sin embargo, ¿cómo se entera la organización de los problemas de motivación de su personal? y, por el otro lado, ¿por qué medio sabe el personal cómo la organización lo considera en cuanto a su productividad? La respuesta exige salirnos del círculo de la derecha de nuestro modelo (*véase* figura 5.3) y entrar a la parte que ambos círculos comparten. Este es el ámbito de la comunicación. En esta región están contenidos todos los mensajes que fluyen en la organización. Es decir, aquí encontramos lo que los individuos comunican a la organización y los mensajes que esta última envía a los individuos.

Es a través de la comunicación como los individuos enteran a sus superiores acerca de las necesidades que la organización les ha satisfecho y falta de satisfacerles. También la comunicación es el medio para enterar a las diferentes personas en la organización con respecto al nivel de desempeño que han alcanzado en su trabajo.

Algo muy importante que se debe destacar es el balance necesario entre los dos ámbitos por medio de la comunicación. Diversos estudios realizados en compañías de todo tipo en Estados Unidos demuestran que si se trata de lograr mayor productividad (mediante la imposición de estándares muy estrictos de trabajo y rendimiento) sin hacer caso de la motivación, los resultados quizá sean benéficos en el corto plazo. No obstante, los efectos negativos que esta práctica trae en el ambiente de trabajo y la motivación del personal hace que la situación de logros se revierta en un lapso máximo de tres a cinco años provocando un precio muy alto tanto en términos económicos como humanos. Por lo mismo, lo ideal sería tratar de buscar aquellos estándares de trabajo que no afectan negativamente la motivación del personal. Si esto se logra, los resultados serán benéficos a nivel individual y organizacional (*véase* Likert, 1977).

Finalmente, le pedimos que haga la siguiente reflexión. Piense cuál es el medio que usted utiliza para enterar a su jefe o superior de sus problemas de motivación. Por otro lado, ¿cada cuándo y por qué medio su jefe o superior acostumbra enterarle de su desempeño? Quizá valdría la pena evaluar si tanto usted como su jefe aprovechan al máximo la región común que los une: la comunicación. La figura 5.4 presenta en forma resumida la relación entre comunicación, motivación y productividad.

- Una mejor comunicación jefe-empleado resulta en una mayor motivación por parte de ambos.
- Una mayor motivación en el individuo es una de las condiciones para lograr mayor productividad. En otras palabras, individuos motivados estarán en mejor disposición para el trabajo, facilitando su productividad. No obstante, esta condición (motivación) no es la única que afecta la productividad, también están los recursos, métodos y procedimientos de la organización, capacidades del personal, etcétera.

Figura 5.4. Relación entre comunicación, motivación y productividad.

CONCLUSIONES

1. La comunicación, la motivación y la productividad son procesos organizacionales. En tanto procesos, son fenómenos complejos, dinámicos y cambiantes en la organización.
2. La motivación destaca un proceso de los individuos frente a su organización.
3. La productividad se refiere a un proceso evaluador del desempeño del individuo por parte de la organización.
4. La comunicación es la región común que, en caso de existir, se da entre los procesos motivacionales del individuo y las evaluaciones de productividad de la organización.
5. La comunicación individuo-organización, y viceversa, no siempre es exitosa, ni resulta en un acuerdo o entendimiento para y entre ambas partes. Sin embargo, si en alguna región de la organización se da la relación motivación-productividad es precisamente en el ámbito de la comunicación (*véase* figura 5.3).
6. La comunicación efectiva impacta de manera relevante en la motivación, y ésta, a su vez, crea un ambiente propicio para lograr mayor productividad, si bien existen otros factores que influyen para el logro de esta última.

BIBLIOGRAFÍA

Cohen, J., *Psicología de los motivos sociales*, Trillas, México, 1973.

Etzioni, A., *Modern Organizations*, Prentice-Hall, Englewood-Cliffs, Nueva Jersey, 1964.

Gibson, J. L., J. M. Ivancevich, y J. H., Donnelly, *Organizaciones: conducta, estructura, proceso*, Nueva Editorial Interamericana, México, 1984.

Hodgetts, R. M. y S. Altman, *Comportamiento en las organizaciones*, Nueva Editorial Interamericana, México, 1981.

Katz, Ch. S., F. A. Doria, y G. Costa Lima, *Diccionario básico de comunicación*, Nueva Imagen, México, 1980.

Katz, D. y R. L. Kahn, *The Social Psychology of Organizations*, John Wiley and Sons, Nueva York, 1966.

Likert, Rensis, "Management styles and the human component", en *Management Review*, págs. 23-45, octubre de 1977.

Nosnik, A., *Necesidades Humanas y la T. V.*, Instituto de Investigación de la Comunicación, A. C., México, documento inédito, 1980.

Porter, L. W., E. E. Lawler, y J. R. Hackman, *Behavior in Organizations*, McGraw-Hill Kogakusha, LTD, Tokio, 1975.

Vargas, V., *Influencia del nivel de información y de la satisfacción de la motivación intrínseca sobre la autoevaluación del desempeño*, tesis de licenciatura, Departamento de Comunicación, Universidad Iberoamericana, México, 1984.

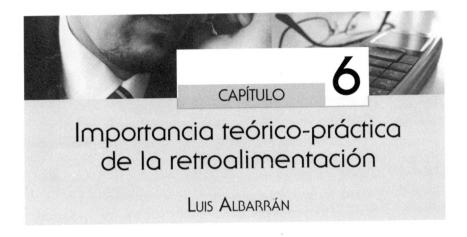

CAPÍTULO **6**

Importancia teórico-práctica de la retroalimentación

Luis Albarrán

ANTECEDENTES

La retroalimentación desempeña un papel central en el proceso de la comunicación, pues constituye prácticamente el cierre del mismo, sin el cual no hay garantía de que se haya logrado la comunicación. El poder observar la reacción del receptor al mensaje de la fuente constituye un factor fundamental a fin de poder evaluar si el propósito u objetivo de la comunicación fue alcanzado o no, así como el nivel en que ésta se logró.

La retroalimentación es además un elemento omnipresente en cualquier tipo de comunicación organizacional, ya sea ésta ascendente, descendente u horizontal.

A lo largo de este capítulo presentaremos las características y las formas en que se manifiesta la retroalimentación dentro de la organización. Este concepto se tratará a dos niveles: *a*) el nivel interpersonal, como en el caso de la relación jefe-empleado (tal y como se muestra en la "evaluación del desempeño", que es un recurso clave para la correcta administración del personal), y *b*) atenderemos un segundo nivel más global de la retroalimentación, como se presenta en la estrategia de desarrollo organizacional conocida como "retroalimentación por encuestas".

Finalmente, todas estas explicaciones se integrarán en el marco del estilo administrativo llamado el "ciclo de control". De dicha integración presentaremos las conclusiones donde se sintetizan los puntos clave del presente capítulo.

¿QUÉ ES LA RETROALIMENTACIÓN?

La retroalimentación es un "mensaje que indica el nivel de entendimiento entre dos o más comunicadores, en respuesta a un mensaje original" (Barker, pág. 88, 1981). Es decir, la retroalimentación es la comunicación que el receptor envía al emisor de manera verbal y/o no verbal, indicándole si entendió o no su mensaje y cómo lo interpretó. Esta comunicación de retorno indica al emisor cuándo debe modificar su comunicación original, a fin de que alcance el objetivo deseado.

Así, cuando un gerente premia verbalmente con un ¡muy bien! a un empleado que le presenta el informe de avance de proyectos, le está brindando retroalimentación. El gerente también estaría retroalimentando a su empleado, aunque no lo hiciera verbalmente, a través de movimientos corporales (una aproximación al empleado, por ejemplo) o de sus ojos (la dirección de su mirada). Este tipo de mensajes son retroalimentación no verbal.

Cabe destacar que la retroalimentación cumple eficientemente su función siempre desde el punto de vista de quien la recibe. Es decir, un gerente puede pensar que proporcionó retroalimentación amplia y precisa a su empleado y este último apenas pudo haberse dado por aludido, por lo que, para el subordinado, la retroalimentación fue prácticamente inexistente.

La retroalimentación, como cualquier flujo de comunicación, se presta a distorsiones y de ahí que deba aprenderse qué, cómo y cuándo retroalimentar.

¿CUÁL ES EL MAYOR OBSTÁCULO PARA LA RETROALIMENTACIÓN?

La retroalimentación encuentra su mayor obstáculo en la resistencia de las personas a recibirla. A este factor lo denominaremos *defensividad*, el cual consiste en tomar una posición no receptiva a la retroalimentación. En estas ocasiones, la retroalimentación se interpreta de una manera exageradamente personal y se le considera una amenaza y no un mecanismo para corregir la ejecución de la tarea.

Un ejemplo de la defensividad se da cuando un empleado considera que la retroalimentación negativa que su jefe le proporciona lleva consigo la intención de comunicarle su antipatía (Barker, 1981). Esta reacción hará que el empleado se ponga a la defensiva y, por lo mismo, no escuche la totalidad del mensaje que su jefe le envía. Realmente se estará distorsionando la información pues, para efectos del empleado, todo lo que le diga el jefe "sale sobrando". Él "sabe" que "realmente" lo que sucede es que no le cae bien al jefe.

Más adelante veremos cuáles son algunas de las formas principales para tratar de salvar este y otros obstáculos de la retroalimentación, para dar mayor posibilidad de ser efectiva.

El cuadro 6.1 presenta la clasificación de la retroalimentación en distintas categorías de acuerdo con sus características más importantes.

Cuadro 6.1. Tipos de retroalimentación.

- *Por su frecuencia*. La retroalimentación puede calificarse de abundante, suficiente o escasa. Las evidencias proporcionadas por la investigación (Gibson *et al.*, 1984, pág. 122) indican que los empleados deben ser recompensados de manera suficiente y no de manera abundante o escasa. Por ejemplo, es mejor informar al empleado periódicamente lo bien que ha hecho su trabajo, que nunca decirle nada o bien decírselo diariamente, ya que de ser así el elogio o reclamo perdería impacto y credibilidad.
- *Por su valuación*. La retroalimentación puede ser positiva o negativa:

  - *Positiva*, cuando se felicita al empleado por su trabajo, se le incita a que siga con su buen desempeño, o bien se le reconoce el esfuerzo puesto en la tarea.
  - *Negativa*, cuando se llama la atención del empleado a su incumplimiento en la tarea o su baja productividad.

  En términos generales, la investigación indica (Gibson *et al.*, 1984, pág. 119), que la retroalimentación positiva produce mejores y más duraderos efectos en el empleado: motivación, deseos de superación, confianza.
- *Por su carácter comunicativo*. La retroalimentación puede ser verbal o no verbal. Será *verbal* cuando el gerente hable directamente con su(s) empleado(s), y *no verbal* cuando se utilicen gestos como sonrisas y saludos amistosos.
- *Por su origen*. La retroalimentación puede provenir de un superior, de una persona del mismo nivel o de un subordinado.

La retroalimentación también puede clasificarse, de acuerdo con su nivel de *especificidad*, yendo de lo general a lo particular. Por ejemplo, no es lo mismo expresar "creo que no me entendiste", que decir "creo que no me entendiste esto" (D. A. Nadler, 1978).

Así, podríamos considerar una infinidad de dimensiones acerca de la retroalimentación, sin embargo, creemos que las mencionadas anteriormente son las básicas, y las que más interés pueden tener para efectos prácticos. Es lógico que en cualquier situación de comunicación todos estos tipos de retroalimentación se combinan.

Nosotros podemos proporcionar mucha o poca retroalimentación, positiva o negativa, darla de manera verbal o no verbal y limitarla por medio de múltiples fuentes (por lo que se requeriría de un documento aparte para tratar todos estos aspectos). Sin embargo, nuestro objetivo se centra, ahora, en dar una idea aunque sea somera de todos estos elementos, dejando para otra ocasión su tratamiento profundo y detallado.

¿QUÉ EFECTOS TIENE LA RETROALIMENTACIÓN?

Toda retroalimentación trasmitida adecuadamente (*véase* la siguiente sección) debe tener los siguientes efectos:

1. *Mejorar* la trasmisión de lo que se comunica, dado que las personas involucradas en el acto comunicativo van verificando si están comunicando lo que desean comunicar.
2. *Reducir* la distorsión o aumentar la precisión de lo que se comunica a través de una constante verificación y reorientación, en caso de existir errores.
3. *Facilitar* el proceso de aprendizaje. Gracias a la retroalimentación la persona sabe lo que hizo bien o lo que hizo mal y cómo corregirlo (Landy y Forr, 1973).

Éstos serían los tres efectos fundamentales de la retroalimentación que, sin embargo, se ven grandemente obstaculizados si existe en el receptor una actitud defensiva que provoca una insatisfacción creciente con los mensajes comunicados –pues se buscan segundas intenciones en ellos. Consecuentemente, la distorsión de la comunicación puede ir en aumento y las personas, lejos de aprender cómo reorientar su esfuerzo, tienen una mala actitud hacia la retroalimentación. Lógicamente, el logro de los efectos mencionados arriba depende también de factores situacionales, como el "qué" y "cuándo" proporcionarla, y que depende, básicamente, de las intenciones de la fuente de comunicación.

¿CÓMO PROPORCIONAR RETROALIMENTACIÓN?

Aunque es imposible dar "recetas" para todo tiempo y lugar, se ha encontrado en estudios dentro y fuera del país que en general la retroalimentación sirve más para lograr los tres efectos fundamentales descritos en la sección anterior, cuando:

1. *Se proporciona de manera frecuente.* Cuando la retroalimentación se proporciona de manera periódica y sistemática más que ocasionalmente.
2. *Se proporciona tanto la retroalimentación positiva como la negativa.* Es decir, no se centra solamente en las desviaciones del desempeño de la tarea, sino también en lo que estuvo bien hecho.
3. *Se proporciona verbalmente.* Por desgracia la comunicación no verbal se presta a muchas distorsiones y su interpretación depende de las características de personalidad, tanto de quien la proporciona como de quien la recibe.
4. *Se proporciona por una fuente claramente identificable.* Es claro el poder e influencia del que retroalimenta sobre el retroalimentado.
5. *Es específica.* Es decir, debe indicar de manera detallada aquellos puntos de desviación o acierto detectados (Landy y Forr, 1973).

En el primer caso, estaríamos hablando de los conocidos sistemas de "evaluación del desempeño o de la actuación", que se presentan con mayor detalle en la siguiente sección.

En el segundo caso, se trataría de lo que se denomina *retroalimentación por encuestas*, que consiste en una estrategia sistemática para la recolección, análisis y diseminación de información sobre la organización como un todo.

Estos dos subsistemas de retroalimentación se pueden integrar en un flujo único de retroalimentación en un sistema global que podríamos denominar ciclo de control.

A través de la integración *del ciclo de control*, una organización se retroalimenta del grado en el cual está alcanzando sus objetivos y el margen de desviación con respecto a ellos para poder encontrar medidas correctivas necesarias. En consecuencia, en la medida en que el ciclo de control de una organización funcione periódica, regular y sistemáticamente podrá responder a su ambiente de manera planeada y no accidental o sorpresiva.

¿En qué consiste la evaluación del desempeño laboral?

En esencia, es un juicio que el superior hace sobre dimensiones específicas de la actuación laboral de su empleado.

El propósito de la "evaluación del desempeño" es darle al empleado la retroalimentación necesaria para que se percate del adelanto que está logrando en su puesto mientras que se suministra a la gerencia la información necesaria para tomar futuras decisiones (Hodgetts y Altman, 1981).

El cuadro 6.2 presenta de manera resumida cuáles son los pasos que componen el proceso, desde la descripción de la función del puesto hasta la evaluación del desempeño.

Normalmente, en la evaluación del desempeño de un empleado, se califican los siguientes rasgos generales:

1. Conocimiento de trabajo.
2. Calidad del trabajo.
3. Cantidad del trabajo.

Cuadro 6.2. Proceso de evaluación del desempeño.

1. *Definir y comunicar las responsabilidades del trabajo.* Como parte de la asignación de responsabilidades, el empleado debe saber clara y explícitamente en qué consiste su trabajo, así como qué debe hacer, cuándo y cómo hacerlo. Si este paso no se cumple, no se puede llevar a cabo una evaluación fundamentada y objetiva.
2. *Fijar las metas que correspondan a cada responsabilidad.* Esta fijación de metas debe surgir de la negociación con los empleados al momento de asignar responsabilidades. Con ello se logrará un acuerdo mutuo con respecto a las metas que se van a conseguir y que éstas sean alcanzables y objetivamente medibles.
3. *Recolectar información sobre la ejecución de las tareas.* En este punto se requiere diseñar alguna técnica que sea práctica, fácil de utilizar y confiable, para determinar el buen o mal desempeño de los empleados (pudiendo tener un control y seguimiento de los mismos).
4. *Evaluar la ejecución.* Obtener un cuadro preciso del rendimiento del empleado en su trabajo, comparándolo con las metas propuestas. Observar cómo llega a ellas y logra resultados forma parte central de este cuarto paso. La precisión de esta evaluación depende de las metas fijadas y de las técnicas de medición utilizadas en el proceso.
5. *Retroalimentar con la información de la evaluación a los sujetos involucrados.* Implica comentar con ellos qué hicieron bien, qué hicieron mal y por qué.
6. *Decidir un curso de acción que modifique la definición de responsabilidades, su comunicación y/o las metas fijadas.*
7. *Idealmente, deberá incluir también los responsables y tiempos fijados para tratar de asegurar al máximo su correcta aplicación.*

4. Iniciativa.
5. Cresatividad.
6. Confiabilidad.
7. Liderazgo.
8. Cooperación.
9. Planeación.
10. Organización.

Independientemente de los rasgos que se vayan a evaluar, es importante que tengan una definición clara, que sea inteligible tanto para el que va a calificar como para el calificado.

Por otro lado, con la evaluación del desempeño puede haber también dimensiones específicas de evaluación correspondientes a funciones típicas de un puesto determinado.

Por lo general, cada una de las dimensiones de evaluación se califican en una escala que puede ser, entre otros, de los siguientes tipos (Olson, 1981):

Escala *A*	Escala *B*
1. Excelente _____	1. Alta _____
2. Bueno _____	2. Media alta _____
3. Regular _____	3. Media _____
4. Malo _____	4. Media baja _____
5. Pésimo	5. Baja _____

Escala *C*

1. Muy superior al promedio _____
2. Superior al promedio _____
3. El promedio _____
4. Bajo el promedio _____
5. Muy bajo el promedio _____

La información se califica en cada una de las dimensiones, valuando cada punto de la escala con números que pueden ir del 1 al 5 y obteniendo una suma de los puntos como calificación global de la actuación del empleado.

Es importante destacar que para retroalimentar a un empleado, se le debe comunicar no sólo su calificación sino *el porqué de la misma* (qué hizo bien o mal y por qué), indicándole además con claridad y especificidad qué debe hacer para mejorar su desempeño. En lo anterior radica la esencia retroalimentadora de la "evaluación del desempeño".

La importancia de dar retroalimentación a los empleados sobre su desempeño radica en que la información que se les proporciona, por un lado, les ayuda a saber en qué medida están alcanzando las metas y objetivos propuestos, y por otro, les demuestra que hay personas que se interesan en ellos. Al informarle al empleado que su desempeño es satisfactorio, mejorará tanto su opinión personal como su sentimiento de éxito con respecto a su actuación.

En general, "la evaluación del desempeño da pie a un mejor rendimiento y a actitudes más favorables hacia el trabajo. Es decir, la retroalimentación puede ser un factor que ayude a motivar a los empleados" (Davis, pág. 451, 1983).

Todo lo dicho anteriormente sobre las características, efectos y forma de dar la retroalimentación se aplica a la evaluación del desempeño (*véase* figura 6.1).

Figura 6.1. Ciclo de evaluación del desempeño (adaptado de Hodgetts y Altman, 1981).

Por último, es importante mencionar que la retroalimentación sobre lo realizado crea confianza en futuras acciones, dado que orienta a las personas hacia dónde ir y les permite conocer qué se espera de ellos en el futuro.

En la figura 6.2 se ejemplifica muy claramente la relación entre acciones–retroalimentación–confianza y acciones futuras en nuevos esfuerzos.

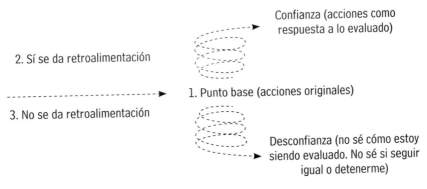

Figura 6.2. Relación entre retroalimentación, confianza y acciones.

Un ejemplo de relación entre retroalimentación y productividad

Taverner (1981) informa acerca de un "método" para mejorar la productividad gerencial que no es otra cosa que un ejercicio práctico de comunicación en el que se destaca el aspecto central de la retroalimentación.

Varias compañías estadounidenses han puesto en práctica un curso de comunicación-retroalimentación cara a cara, tratando de desarrollar las habilidades de sus gerentes en esta materia, con resultados muy alentadores.

El método que proponen es muy simple: deberán reunirse tres personas a las que se asigna un papel o rol, que va siendo alternado. Estos papeles son: el de la persona que quiere comunicar algo; el de la persona que escucha y que quiere saber si entendió, y el del "monitor" o la persona que se fijará, críticamente, en la *forma* de la comunicación de los otros dos, para posteriormente retroalimentarlos. Este ejercicio deberá contener cinco pasos:

1. Presentación del tema (decir brevemente de qué se trata la plática).
2. Profundización (dar el contenido central).
3. Preguntas (preguntar lo que no se entiende).
4. Parafraseo (decir cómo lo entendí).
5. Acuerdo final (cuál es la conclusión).

Como se verá, los dos primeros pasos los da el emisor; los dos segundos, el receptor, y el último se da simultáneamente.

Una vez realizado este ejercicio, la persona "entrenada" se reúne con su superior inmediato para hablar de cuatro aspectos fundamentales.

- ¿Cuál es el trabajo que debo hacer?
- ¿Cómo se debe hacer bien?
- ¿Cómo lo he hecho en el pasado?
- ¿Cómo lo puedo mejorar?

En el artículo se informa que este ejercicio, por sencillo que parezca, ha servido para:

- Mejorar el manejo de la comunicación (saber aciertos y fallas; ventajas y desventajas).
- Clasificar las funciones que se van a realizar.
- Clasificar los métodos y procedimientos usados.
- Clasificar líneas y niveles de autoridad.
- En general, para todo lo que tiene que ver con el desempeño exitoso de las funciones, lo que a su vez, repercute en la productividad.

¿En qué consiste la retroalimentación por encuestas?

Es, en esencia, un sistema para evaluar distintos aspectos de una organización de acuerdo con las opiniones de sus integrantes, así como de criterios independientes a las personas. Estas encuestas proporcionan retroalimentación valiosa a los gerentes, ya que les ayudan a descubrir cuándo se necesitan cambios, y en qué sentido o hacia dónde orientar dichos cambios. En otras palabras, este tipo de retroalimentación da mayores fundamentos a la acción ejecutiva (*véase* cuadro 6.3).

¿Qué temas componen este tipo de estudios del desempeño laboral?

Este proceso se puede llevar a cabo aplicando un cuestionario a las distintas áreas y niveles jerárquicos de la organización que recoja las opiniones en las siguientes áreas, entre otras:

1. Imagen de la organización.
2. Comunicación interna.
3. Relaciones interpersonales.
4. Sueldos y prestaciones.
5. Capacitación y promoción.
6. Sistemas y procedimientos de trabajo.

Es muy importante seleccionar áreas de estudio sobre las cuales se pueden realizar modificaciones o cambios como resul-

---

Cuadro 6.3. Proceso de retroalimentación por encuestas.

1. *Diseñar objetivos e instrumentos.* Este punto consiste en señalar los objetivos del proceso, determinando los puntos que se van a estudiar (qué se quiere conocer, a qué se quiere llegar). Asimismo incluye el diseño del cuestionario o cuestionarios que servirán para recolectar la información deseada.
2. *Recolectar datos.* Consiste en recoger la información de las personas que se han escogido para el estudio a través de un instrumento antes seleccionado. Esta recolección puede hacerse con base en distintas muestras, o bien de manera censal (estudiando a todos).
3. *Analizar e interpretar los datos.* Una vez efectuada la recolección de información, ésta se somete a un análisis que permita comparar los resultados obtenidos contra los objetivos propuestos. Con base en ello, se puede conocer la distancia actual de las actitudes estudiadas con respecto a los objetivos.
4. *Discutir la información obtenida.* La discusión de los resultados obtenidos es un elemento muy importante, ya que permite conocer el estado actual de los factores estudiados y da pautas a las personas responsables para poner en práctica los cambios requeridos a propósito de dicha información.
5. *Definir las estrategias de acción.* Consiste en llegar a un acuerdo con respecto a cuáles serán los factores que van a reforzar o modificar y qué acciones se formarán para lograrlo.
6. *Dar seguimiento.* Una vez que se han implantado las estrategias de acción, se les debe dar seguimiento con el fin de saber si dichas estrategias están funcionando, si están logrando sus objetivos y en qué medida lo están haciendo (Nadler, 1978).

---

tado de la aplicación de la encuesta de retroalimentación, pues de lo contrario, su efecto se puede revertir. En otras palabras, si las personas encuestadas han expresado su opinión con miras a que algo se modifique, confiando para ello en aquellos que realizarán el estudio y esto no se da, en futuras ocasiones estarán más reacias a contestar o a decir la verdad.

Se elaboran preguntas específicas en cada una de las áreas que se van a estudiar, como:

Área: Comunicación

Pregunta: ¿Cómo calificaría usted la claridad de las órdenes que recibe?

Escala de respuesta: 1. Muy claras
2. Claras
3. Confusas
4. Muy confusas

La aplicación de una serie de preguntas como las anteriores, en distintas áreas de la organización y sus niveles jerárquicos, proporciona la información base para la retroalimentación. Dicha información debe relacionarse con cifras de ausentismo, productividad, etc., para cada unidad organizacional estudiada, con el objetivo de validar los resultados encontrados.

Posteriormente, la información recolectada se presenta en una junta orientada a la toma de decisiones entre diversas audiencias organizacionales (puede ser por nivel jerárquico, por departamento, etc.). En ella se estimula la discusión de los resultados y se compara contra la norma de lo que debería ser. En fin, se llevan a cabo todos los ejercicios requeridos para clarificar la naturaleza retroalimentadora de la información y favorecer el aprendizaje así como la elección de una política de acción (Lawler, Nadler y Cammann, 1980).

Este ejercicio, manejado correctamente, viene a ser una fuerza de capacitación mucho más efectiva en ciertos terrenos que algunos cursos dados bajo el enfoque de "salón de clases".

Debe hacerse notar que la riqueza del ejercicio radica en la situación de retroalimentación y en lo que se haga con la información, y no en el acopio de un mar de datos que integre un voluminoso reporte y tenga como cementerio un archivo.

¿Cómo integrar la evaluación del desempeño y la retroalimentación por encuestas en un flujo sistemático de retroalimentación?

La "evaluación del desempeño" y la "retroalimentación por encuestas" se pueden integrar en el sistema del ciclo de control que aparece en la figura 6.3.

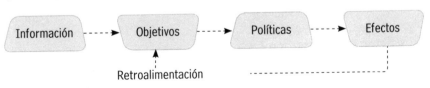

Figura 6.3. El ciclo de control organizacional.

Por ejemplo, dentro de un contexto bancario, las cifras de colocación, captación y las encuestas mercadotécnicas sobre la imagen de una sucursal, se pueden relacionar con las cifras agregadas del desempeño individual en las dimensiones de imagen, comunicación interna, relaciones interpersonales, sueldos, etc., del área o unidad organizacional correspondiente.

Con estos flujos de información se pasan a definir objetivos orientados a optimizar la situación, se diseñan medidas específicas para conseguir el logro de los objetivos y se evalúan los efectos de la aplicación de dichas medidas a fin de descubrir si se han alcanzado o no los objetivos.

Por ejemplo, un estudio de retroalimentación por encuestas puede mostrar una insatisfacción con la capacitación en un departamento X. La evaluación del desempeño puede mostrar bajas calificaciones en el área de negociación y todo ello puede ser congruente con las bajas cifras en colocación y captación. Como resultado, se programa un curso de negociación cuyo logro de objetivos es evaluado, tanto en el escenario del propio curso como en el del puesto.

UN EJERCICIO A MANERA DE CONCLUSIONES

1. Pregúntese cuánta retroalimentación proporciona a su(s) subordinado(s) cotidianamente. ¿Están satisfechos? ¿Es una retroalimentación suficiente, clara y específica?
2. Desarrolle un sistema de evaluación de la actuación orientado primordialmente a proporcionar a su personal información acerca de si está logrando o no sus objetivos y por qué. Acuerde con él en cuatro aspectos:

   a) ¿Cuál es el trabajo que se tiene que hacer?
   b) ¿Cómo se debería hacer?
   c) ¿Cómo se hace en la realidad (identificar la brecha y las causas)?
   d) ¿Cómo puede hacerse mejor?

3. Realice periódicamente esfuerzos para medir el desempeño y las actitudes de las personas que laboran en su unidad organizacional.
4. Realice las mediciones de retroalimentación de manera sistemática y analice tendencias. Se recomienda utilizar el apoyo de especialistas.
5. Recuerde que la retroalimentación proporciona información valiosa para la selección de estrategias de acción, tanto individuales como organizacionales.

Siguiendo estas cinco reglas y presupuesta una relación interpersonal no defensiva entre los comunicadores, la retroalimentación alcanza mejores efectos.

¿CÓMO SE PROPORCIONA RETROALIMENTACIÓN SISTEMÁTICA DENTRO DE UNA ORGANIZACIÓN?

En el contexto específico de una organización se pueden implantar sistemas de retroalimentación a dos niveles:

1. *Interpersonal*, cuando el desempeño de una persona (empleado) es evaluado por su superior.
2. *Organizacional*, cuando el flujo de retroalimentación se refiere al funcionamiento de la organización como un todo (*véase* figura 6.4).

Figura 6.4. Niveles de retroalimentación organizacional.

BIBLIOGRAFÍA

Barker, L. C., *Communication*, Prentice-Hall, Englewood-Cliffs, Nueva Jersey, 1981.

Davis, K., *El comportamiento humano en el trabajo*, McGraw-Hill, México, 1983.

Gibson, J. L., J. M. Ivancevich y J. H. Donnelly, *Organizaciones: conducta, estructura, proceso*, Nueva Editorial Interamericana, México, 1984.

Hederson, R., *Performance Appraisal*, Prentice-Hall, Englewood-Cliffs, Nueva Jersey, 1980.

Hodgetts, R. M. y S. Altman, *Comportamiento en las organizaciones*, Nueva Editorial Interamericana, México, 1981.

Landy, F. J. y J. C. Forr, *The Measurement of Work Performance*, Academic Press, Nueva York, 1973.

Lawler, E. E., D. A. Nadler e I. C. Cammann, *Organizational Assessment*, John Wiley and Sons, Nueva York, 1980.

Nadler, D. A., *La retroalimentación y el desarrollo organizacional*, Fondo Educativo Interamericano, México, 1978.

Olson, R., *Performance Appraisal*, John Wiley and Sons, Nueva York, 1981.

Taverner, G., "Improving managerial productivity: The key ingredient is one-on-one communication", en *Management Review*, febrero de 1981, págs. 12-16.

Glosario

Esta última parte la hemos reservado para la presentación de los conceptos que consideramos más importantes. La idea no es solamente listar los términos centrales de los seis capítulos anteriores y su definición, sino principalmente ayudar al lector a usar esta publicación como una herramienta práctica de apoyo en su quehacer administrativo.

La presente sección consta de 23 conceptos acompañados de términos afines, presentes en diversas situaciones o problemas que enfrenta cualquier gerente o ejecutivo en su trabajo. Por ejemplo, veamos el primer concepto. "Comunicación" se relaciona con "emisor o fuente", "mensaje", "receptor" y "proceso". Todos estos términos aparecen en los capítulos 1 y 6. Cuando usted piense que está frente a un problema de comunicación con su superior, empleado o alguna persona de su mismo nivel, le ayudará saber: *a)* cuál es la definición de comunicación; *b)* qué elementos la componen; así como *c)* por qué la comunicación es un proceso, qué ventajas le reporta a usted saberlo y cómo puede resolver su problema de comunicación con todos estos conocimientos. Es decir, puede consultar el glosario y ayudarse a identificar y definir el problema que enfrenta con los elementos que esta sección le ofrece.

El glosario también puede servir para establecer relaciones entre conceptos de diferentes secciones y capítulos que no hayan sido expuestos anteriormente en el texto. Por ejemplo, vea usted el concepto número 23. Cuando hablamos del "ciclo de control organizacional" en el capítulo 6, dejamos claro que este ciclo de control es un proceso de retroalimentación que utiliza la organización para funcionar mejor. Sin embargo, observe el segundo y tercer conceptos afines que se listan acompañando al término definido. Estos son: la "motivación" y la "productividad". ¿Por qué? Enseguida lo aclaramos.

Si usted se da cuenta, el capítulo 5 es una introducción conceptual a la relación que existe entre los procesos de comunicación, motivación y productividad. Por otro lado, el capítulo 6 es un ejemplo práctico de cómo mediante la retroalimentación (elemento de la comunicación) se evalúa el desempeño de los individuos (elemento de la productividad) y así se puede administrar mejor el recurso humano de la organización (elemento de la motivación). Es decir, la función y las consecuencias de las prácticas de retroalimentación en la organización nos ilustran la relación entre comunicación, motivación y productividad. Esto que no se aclaró anteriormente en ninguna parte del texto pudo ser establecido gracias a que el glosario acerca al "ciclo de control organizacional" con la "retroalimentación", la "motivación" y la "productividad".

Por último, queremos invitarlo a que enriquezca el glosario. Quizá encuentre usted que los conceptos afines que se listan debajo de alguno de los 23 términos son demasiados o muy pocos o, de hecho, no son los que usted pondría. Haga su propio glosario. Identifique cuáles son los términos que según usted deben aparecer en la lista. Busque su definición y relaciónela con otros conceptos. Todo esto para ayudarnos a que el libro funcione para lo que fue diseñado: ser una herramienta de consulta y apoyo para su trabajo.

Comunicación. Proceso por medio del cual una persona se pone en contacto con otra a través de un mensaje, esperando la primera que la última le dé una respuesta, sea ésta una opinión, actitud o conducta.
Localización: capítulos 1 y 6.
Conceptos afines:

• Emisor o fuente
• Retroalimentación
• Mensaje
• Receptor

Fidelidad en la comunicación. Coincidencia de significados entre lo que trasmite el emisor y lo que capta el receptor.
Localización: capítulo 1.
Conceptos afines:

• Habilidades comunicativas
• Actitudes
• Nivel de conocimiento
• Posición dentro del sistema

Efectos de la comunicación. Cambios en el comportamiento, actitudes y/o ideas del receptor como respuesta al mensaje que el emisor le ha enviado.

Localización: capítulo 1.
Conceptos afines:

- Mensaje
- Medio o canal
- Confianza en la fuente
- Fidelidad en la comunicación

Comunicación organizacional. Proceso mediante el cual un individuo o una de las subpartes de la organización se pone en contacto con otro individuo o subparte a través de uno o varios mensajes.
Localización: capítulos 1, 2 y 3.
Conceptos afines:

- Comunicación formal
- Comunicación informal y rumor
- Comunicación descendente
- Comunicación ascendente
- Comunicación horizontal

Barreras de comunicación. Problemas que se pueden presentar cuando un emisor trasmite un mensaje a su receptor. Cuando existen barreras en el proceso de la comunicación se dificulta la relación entre emisor y receptor.
Localización: capítulo 1.
Conceptos afines:

- Retroalimentación
- Redundancia
- Fidelidad de la comunicación

Trampa de la actividad (cotidiana). Situación en la que el personal realiza actividades sin saber claramente hacia dónde van encaminadas, puesto que los objetivos no han sido reconsiderados, o bien, no se han comunicado de manera clara.
Localización: capítulo 2.
Conceptos afines:

- Comunicación descendente
- Comunicación formal
- Comunicación gerencial

Comunicación descendente. Se da cuando los niveles superiores de la organización trasmiten uno o más mensajes a los niveles inferiores.
Localización: capítulo 2.
Conceptos afines:

* Retroalimentación sobre el desempeño
* Fidelidad de la comunicación
* Instrucciones de trabajo

Retroalimentación. Respuesta que da el receptor al mensaje que el emisor le envía.
Localización: capítulos 2 y 6.
Conceptos afines:

* Comunicación ascendente
* Aceptación de la comunicación descendente
* Normas de comunicación ascendente
* Prácticas de comunicación ascendente

Filtro de comunicación. Omisión de alguna parte del mensaje que un emisor trasmite a un receptor. El filtro de comunicación se distingue de la "barrera de comunicación" porque el primero se refiere a la cantidad de información omitida en el mensaje y la segunda a la calidad con que el emisor trasmitió su mensaje al receptor.
Localización: capítulos 1 y 3.
Conceptos afines:

* Desarrollo de la confianza en los subordinados
* Fidelidad en la comunicación
* Dificultades de la comunicación ascendente
* Barreras de la comunicación
* Retroalimentación

Rumor. Mensaje no confirmado por un emisor formal de la organización que es difundido por canales interpersonales.
Localización: capítulos 2 y 4.
Conceptos afines:

* Plan de comunicación
* Canales formales e informales
* Comunicación informal

Comunicación gerencial. Se da cuando los niveles directivos de la organización trasmiten uno o más mensajes hacia la gerencia.
Localización: capítulo 2.
Conceptos afines:

• Comunicación descendente
• Comunicación a los empleados
• Trampa de la actividad
• Necesidades de la comunicación
• Pautas de comunicación

Comunicación a los empleados. Se da cuando la gerencia de la organización trasmite uno o más mensajes hacia sus subordinados.
Localización: capítulo 2.
Conceptos afines:

• Actitud positiva hacia la comunicación
• Desarrollar la confianza de los empleados
• Desarrollar un plan de comunicación
• Obtener información necesaria
• Necesidades de comunicación
• Pautas de comunicación

Necesidades de comunicación gerencial. Es el conjunto de informaciones requeridas de los empleados para facilitar el buen desempeño del trabajo.
Localización: capítulo 2.
Conceptos afines:

• Instrucciones de trabajo
• Retroalimentación sobre el desempeño
• Noticias

Aceptación de la comunicación descendente. Aprobación de los mensajes que la gerencia envía a sus subordinados.
Localización: capítulo 2.
Conceptos afines:

• Confianza en el emisor
• Credibilidad en el mensaje enviado
• Legitimidad del emisor
• Fidelidad en la comunicación

Comunicación ascendente. Este tipo de comunicación se da cuando las personas de los niveles bajos emiten uno o más mensajes a los niveles superiores en la estructura organizacional a través de canales formales e informales. *Localización*: capítulo 2.
Conceptos afines:

* Retroalimentación
* Encuestas de actitud
* Normas y políticas de la comunicación ascendente

Prácticas de la comunicación ascendente. Acciones que el ejecutivo realiza para facilitar el impacto y la aceptación de sus mensajes. *Localización*: capítulo 3.
Conceptos afines:

* Comunicación ascendente
* Normas de comunicación ascendente
* Retroalimentación

Comunicación horizontal. Ocurre cuando el emisor y el receptor están al mismo nivel jerárquico en la organización y tienen la posibilidad de intercambiar directamente mensajes entre sí. *Localización*: capítulo 2.
Conceptos afines:

* Coordinación de tareas
* Control real del poder
* Interdependencia funcional
* Apoyo emocional y social
* Vacío de comunicación formal

Comunicación informal. Conjunto de mensajes que no siguen los caminos establecidos por la estructura organizacional, y comprende toda información no oficial que fluye entre los grupos que conforman la organización. *Localización*: capítulo 4.
Conceptos afines:

* Redes de comunicación
* Grupos informales
* Rumor

Motivación. De *motum, movere* ("mover", en latín). Expresa la idea de dinamismo, de cambio. Una persona está motivada cuando quiere cambiar su estado actual por otro.

Localización: capítulo 5.
Conceptos afines:

• Proceso
• Necesidades
• Metas y objetivos

Productividad. Eficiencia con que los individuos alcanzan las metas y objetivos en la organización.
Localización: capítulo 5.
Conceptos afines:

• Motivación
• Proceso
• Comunicación

Evaluación del desempeño laboral. Juicio que el supervisor hace sobre dimensiones específicas de la actuación laboral de su empleado.
Localización: capítulo 6.
Conceptos afines:

• Retroalimentación
• Productividad
• Motivación

Retroalimentación por encuestas. Sistema para evaluar distintos aspectos de una organización de acuerdo con las opiniones de sus integrantes, así como de criterios independientes a las personas.

• Comunicación ascendente
• Fundamentos para la acción ejecutiva
• Productividad

Ciclo de control organizacional. Sistema de información que integra la evaluación del desempeño con la retroalimentación por encuestas.
Localización: capítulo 6.
Conceptos afines:

• Retroalimentación
• Motivación
• Productividad

Índice onomástico

Índice analítico